新しい貯金で幸せになる方法

あなたの生活を豊かにする「NPOバンク」「匿名組合」のススメ

樫田秀樹

築地書館

はじめに　あなたと世界を豊かにするお金の動かし方

いま、たくさんの「財テク本」が売れています。自分であれこれ考えお金を増やすことは、大切です。

しかし、お金を貯めるだけで幸せになれる人はいません。

お金は使ってこそ、自分の生活を豊かにし、世のため人のためになり、自分に返ってくるものなのに、その運用の賢い方法について書かれた本はあまりありません。

銀行に貯金さえしていれば、生活が豊かになっていく時代は終わりました。

働けど、働けど、生活が豊かにならないのはどうしてか？

それはあなたの貯金が、ムダなことに使われているからです。

それはあなたの投資が、一部の人間だけを富ませることに使われているからです。

本書は、マスコミであまり取り上げられることのなかった「**あなたの貯金が何に使われているか**」について書いています。

あなたの貯金によって得をするのは一部の人のみで、そのことで日本だけでなく、世界中の人々の生活が破壊されています（これらの事実が報道されにくいのは、大手マスコミの広告主が、銀行や消費者金融などだからですね）。

詳しくは後述しますが、「貯金」によるお金の動きは次ページの図のようなイメージです。

対して、きちんとお金の使われ方を把握して、株などに投資している人間が儲かるのは当たり前です。

普通に貯金している人より、自分のお金が何に使われているか知っているからです。

まずは、自分の貯金が何に使われているのか知っておきましょう（↓1章）。

その上で、より世の中のため、他人のために役立つ、投資のし方を考えてみましょう（↓3章）。

「世のため人のため」と書きましたが、それは最終的には自分に返ってきます。

「貯金」のお金の動き

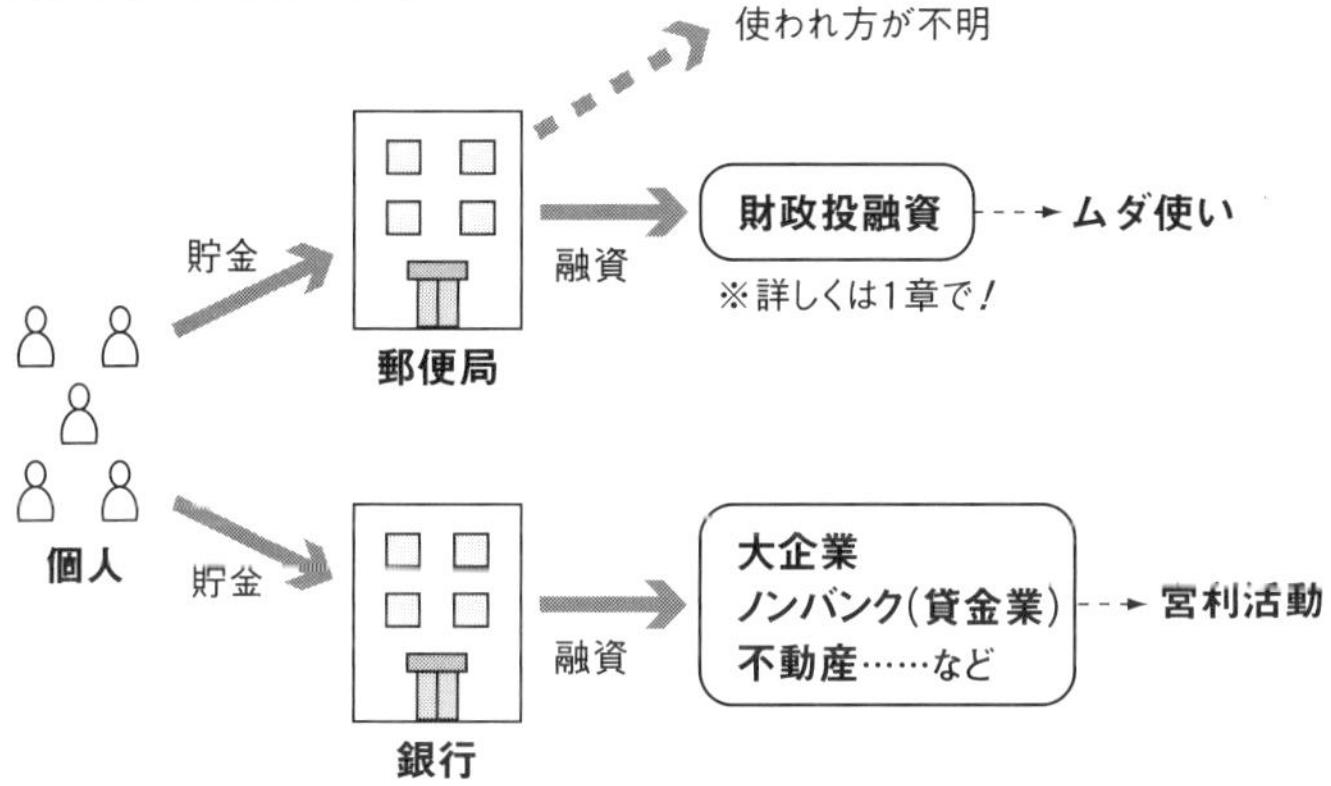

多くの人に口コミで広まりつつある魅力的な「NPO（非営利）バンク」、自分の夢を実現するための「匿名組合」について、4章、5章で解説します。

「NPOバンク」はほかの銀行とは違い、営利を目的としない金融機関です。

株式会社である金融機関は、「株主の利益」のために活動しますが、NPOバンクは「民間の公益」のために、私たちの生活のために活動しています。

企業による利益追求の結果、地球規模の環境破壊によって、世界はますます住みにくくなっています。

これからの自分の将来、子どもたちの未来

「株式市場」のお金の動き

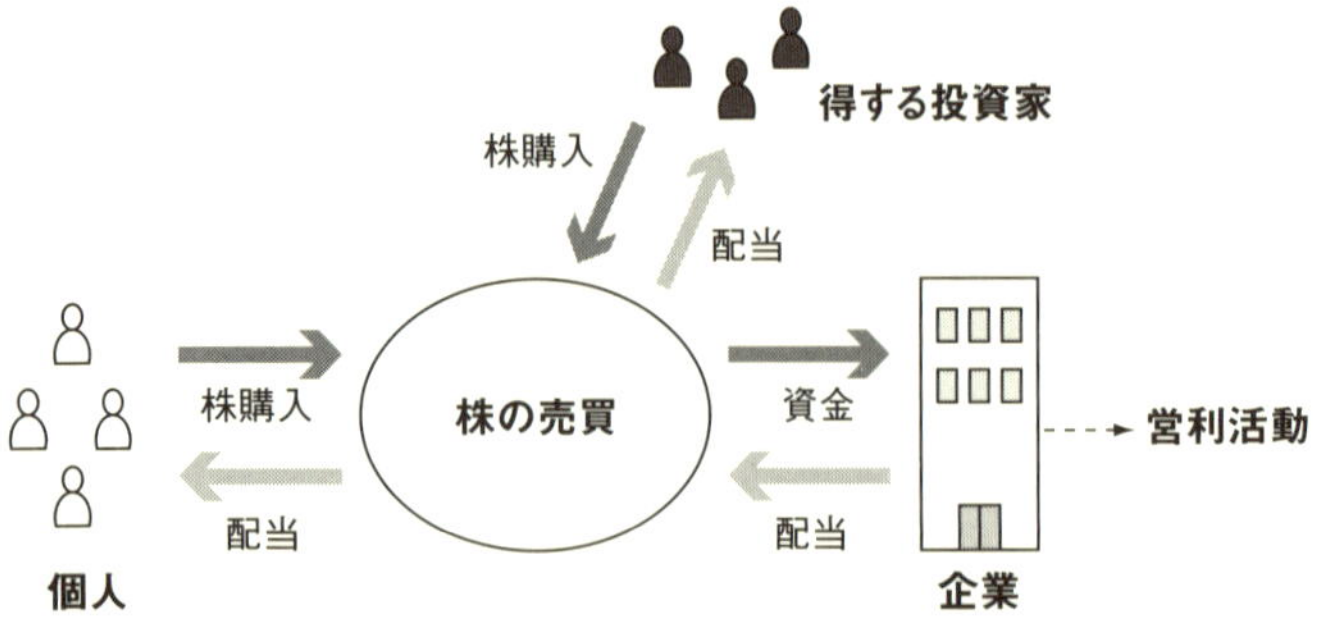

株の売買で「損をする人」と「儲ける人」がいる。
当然、「損をする人」の方も多い。

を考えるとき、環境への投資、未来への投資がかかせません。

なぜ、お金が貯まらないのか？ではなく、なぜ生活が豊かにならないのか、暮らしにくくなっているのはなぜか？を考えてみましょう。


今後、史上最大の株の大暴落も起こる可能性もあります。

アメリカではデイトレーダーの9割以上が負け組だと言われています。

つまり、9割以上の人間は自分だけは勝ち組に回れると信じている。しかし、現実は違います。9割の敗者から集められたお金が1割の勝者のもとへ

「自分の生活に役立つ」のお金の動き

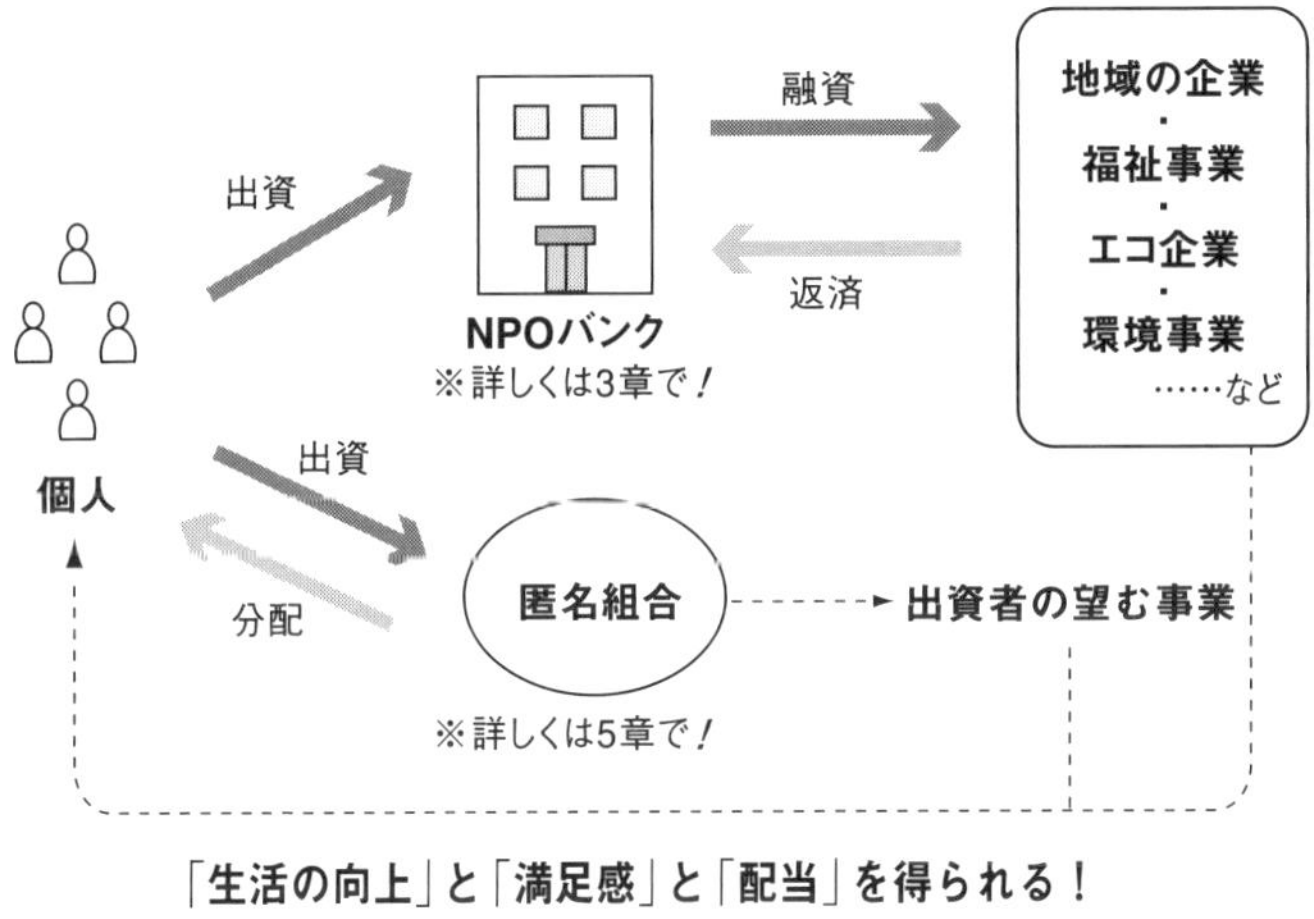

届いているのが現実ではないでしょうか。

「株式市場」でのお金の動きを、簡単なイメージ図にしてみます。

それなら、最初から見ず知らずの一部の人間を富ませる投資などせずに、顔の見える地域の「NPOバンク」などで自分の生活に役立つお金の動かし方をすればいいと思います。

本書はそうした**本当に役に立つお金の使い方**を紹介する過去に類のない本なのです。

これまで、私は、長年にわたり、地

域の生活を豊かにするための活動と、それを支える各地の「ＮＰＯバンク」を取材してきました。

そこで、「これからのお金の使い方」を考えたとき、私がイメージするのは前ページの図のような「お金の流れ」です。ずいぶんと簡略化して書いていますが、本書を読み終えたとき、もう一度、この図を見てみてください。

従来の貯金とは違い、「ＮＰＯバンク」はその融資先が明確です。

いち早く「ＮＰＯバンク」の存在を知り、出資した人たちに取材すると、みな「貯金」では味わえなかった「満足感」を得ていました。

それは、配当がなくとも、「自分たちの生活」や「地域が住みやすくなること」に使われていることが実感できるからです。

本書では、そんなあなたと世界を幸せにできるような「お金の動かし方」の数々を紹介してみました。

あなたの明日からの貯金や融資を考える一材料になれば幸いです。

「新しい貯金」で幸せになる方法＊もくじ

はじめに　あなたと世界を豊かにするお金の動かし方　iii

6 これが本当の「金融」だ！ 162

コラム

❶ 「貯金」をすると不幸になる？

私たちは貯金をする。

子どものため、老後のため、旅行やクルマのため、結婚のため、マイホームのため。

たとえば、自分のお店をもつために、また、わが子の教育や健康のために日々節約し貯蓄にはげむ。

貯蓄（貯金）をすることは、自分自身や身近な人々のささやかな幸せを咲かそうとする、まっとうな生き方だと感じる日本人は多い。

そう、貯金は長年かかって、私たちに夢の実現と、わずかではあるが、利息という「得」も運んでくれる……と多くの人たちは信じている。

ところが、じつは、私たちはその貯金で、**めぐりめぐって損をさせられている**。

多くの日本人がまだ気づいていない、この事実をこれから述べていこう。

あなたはなぜ貯金するのか？

私たちはなぜ貯金をするのだろう？

日本人は小さいころから、お年玉などは郵便局や銀行に貯金するように周りの大人から いわれてきた。

しかし、いま思えば、それがなぜ大切なのかを具体的に教えてはもらわなかった。

単純に「貯金＝良いこと」と思い込まされ、大人になっても、単なる習慣として、お金が入れば銀行に貯金をしている。

多くの人が貯金する理由は次の三つだ。
①金庫代わり。自宅にお金を置いておくのは不安だから。
②いつでも引き出せる。最近ではＡＴＭで24時間引き出せる銀行やコンビニがあり、便利だ。
③口座を作っておけば、送金や入金が簡単にできる。

もう一つ、思い返せば、私は大学生のころにこつこつ貯金をしていたが、それは海外旅行資金に数万円の「利息」をつけるのが目的だった（いまはほとんどゼロ金利だからムリ）。

まあ、便利さも利息も、ひっくるめていえば、「自分のため」。

しかし、本当に「自分のため」になっているのだろうか？

じつは、現在の郵便貯金や銀行預金は「自分のため」にも、「他人のため」にもなっていない。

もっと大きくいえば、「世のため社会のため」にならない「お金の使われ方」をされている。他人を傷つけ、健全な社会を壊している。

その具体例は後述するが、本書は、自分の手元からお金を手放すとき、貯金だけではない**賢い選択を紹介する**。

なぜなら、貯金は、金融機関で黙って眠って自然と利子がついているのではなく、私たちの知らない間に、私たちの知らない人々によって、私たちの望まない目的に投資され、私たちに損をさせ、**一部の人しか得をしない**ような使われ方をされているからだ。

一部の人しか得しないお金の流れ

このお金の流れを変えることはできるのだろうか？

いままでただ単に「貯金」に回していた自分のお金を、「他人のため」にも「世のため社会のため」にも使わるようにする。

そして、そのことで「心の満足」を得たり、なかには、少なくとも現在のゼロ金利よりはましな「儲け」も期待できるという**「自分のため」の貯金や出資**は、あまり知られていないが、存在する。

そのための方法とヒントを書いたのがこの本だ。

そして、じつは、それはむずかしいことではない。

貯金をする人がその意識を少し変え、そのための知識を得るだけで、貯金は、確実に、豊かで幸せな生活をあなたのために運んできてくれる。

まずは、貯金をめぐっていま地球上で起きているほんの一部の不幸なケースを見てみよう。

不幸なお金の使われ方

不幸なお金の使われ方その1　戦争

私に、心の底から、このまま貯金していていいはずがないと思わせるようになったきっかけをまず書いておこう。

それは遠いアフガニスタンでの出来事だった。

5歳の女の子サブリナの視線は生涯忘れられない。

2002年、私は、米軍による空爆直後のアフガニスタンにいた。米軍の「誤爆」でどんな被害が一般住民におよんだかを取材していた。

その爆撃で無数に砕け散ったガラスの破片の一つが左目に突き刺さり、サブリナは水晶体を失った。急いで病院に行くも、近い将来の失明を宣告された。

撮影のためにカメラを向けるとはっとした。左目に眼帯を当てたサブリナが、右目でファインダー越しに私を一直線に見すえている。私が何をしたの？　そう訴えるような幼い少女の視線に私はたじろいだ。

サブリナだけではない。爆撃の一瞬で、ドカーンと崩れ落ちる壁と悲鳴と土ぼこりと暗闇とに精神が傷つき、ひと言も喋れなくなった男の子、赤ん坊を殺された祖母、片足を失った男など、被害者のはかり知れない苦悩を前にすると、取材を重ねるたび、戦争への憤りとは別に、心に辛さだけが積もっていった。

「オレは何もしてあげられない」と。

だが、アフガニスタンから帰って、待てよと思った。戦争が起こるには必ず原因があるわけで、その原因の一つでも自分の手の届く範囲にあるのなら、「何かできるのでは」と考えたのだ。

アフガニスタンを訪れた翌年、アメリカは、イラクに戦争を発動した。そして、いまも多くの罪なき人々を殺傷しているのだが、私は、その戦争と自分が直接つながる原因を知った。

それが、私たちの貯金だった。

私が不思議に思っていたのは、アメリカは財政も貿易も赤字の国で、その赤字額はイラク戦争開戦前の時点で約300兆円と天文学的なのに、その国がどうやって莫大な金がかかる戦争ができるのかということだった。

アメリカは、イラク戦争開戦から2006年3月までの時点で27兆円以上ともいわれる巨大な軍事費を捻出している。

アメリカが戦争できるワケ

この二つの「戦争」で見てみると、アメリカはいままで4400億ドル（約51兆円）以上もの戦費を費やそうとしている。そのお金はどこから来たのだろう？

1991年の湾岸戦争のときは、私たち日本人の血税1兆円分のドルがポンとアメリカにプレゼントされたが、イラク戦争のときは、そういう目に見える形はとらなかった。日本政府はそのとき、アメリカ国債を約17兆5500億円も買い増したのである（米財務省発表）。外国が買ったアメリカ国債としては、その年度全体の44・3％にも達している。いかに日本が突出してアメリカを支えていたかがわかる。

この金がアフガニスタン戦争とイラク戦争を支えたというのはいいすぎではない。現

結局、アメリカに流れる日本の預金

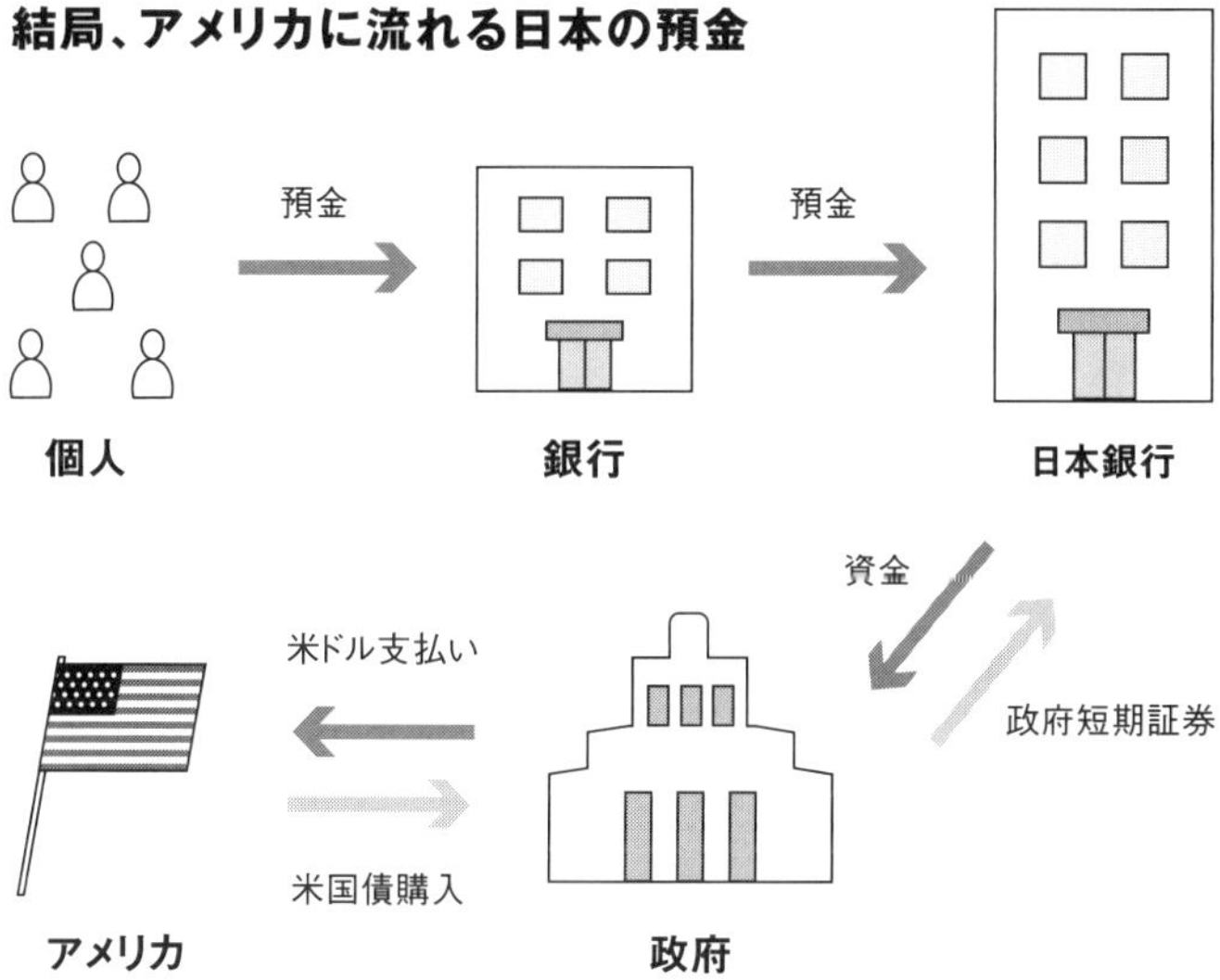

在、月90億ドルをも使うといわれる二つの戦争。

その資金源の一つこそ私たちの貯金なのだ。

貯金をすると世界が不幸になる仕組み

それは、こういうカラクリだ。

私たちはいろいろな銀行に貯金をする。それら銀行は、日本銀行に貯金を預ける。すると、日本政府は国債の一部である「政府短期証券」を発行してその金を借り、そのほぼ全額をドルと両替し、アメリカ国債を購入する。

日本がいままでアメリカから購入した国債の残高は、２００６年1月時点で、じつに約77兆円におよぶ。

日本人の貯金によって、アメリカの戦争を支えるアメリカ国債が買われているのである。

ところが、このアメリカ国債、借り換えが繰り返されるだけで、いったいいつになったら売却するのかすら決められていない。

いうならば、私たちが汗水たらして稼いだお金は、知らぬ間に**戦争に「寄付」されているのだ**……。

歴史は繰り返し、結局、得するのは一部の人間

歴史を振り返ると、私たちの貯金が戦争に使われたのはアフガニスタンやイラクがはじめてではない。

日中戦争（１９３７年～）、そして太平洋戦争（１９４１年～）では、**郵便貯金はそのほとんどが戦費へと消えた**。

１９３７年、日本が中国で日中戦争に突入すると、戦費をまかなうために「臨時軍事費会計」が設置された。この会計の役目は国債を発行して戦費を稼ぐことである。

そして、その国債を買い支えたのが、大蔵省預金部に集められていた郵便貯金だ。

1937年から終戦までの9年間で、軍事費の2137億円は歳出の78％を占めるのに対し、一般会計の700億円はわずかに26％。一方、預金部の国債買い支えは軍事費の7割の1401億円と、全面的に戦争を支えてきたのだ。

そして、この戦争で数百万人もが命を落としたのである。

「財政投融資」というカラクリ

さて、そもそも、なぜ郵政省が集めたお金を大蔵省が使えたのかというと、80年も前の1925年4月に制定された「預金部預金法」で、郵便貯金は大蔵省預金部に全額預けられることが義務づけられたからだ。

預金部には簡易保険の貯蓄金や年金も集まっていたが、そのお金をどう運用するかは大蔵省の自由。

この制度は「財政投融資」（財投《ざいとう》）とよばれ、それが戦争遂行に利用されたとは驚きだが、さらに驚くのは、この仕組みが**いまなお存続している**ことだ（正確には200

1年から大蔵省への全額預託制度はなくなったが、基本的には変わらない)。

日中・太平洋戦争だけではなく、「財投」への郵便貯金の投入額は半端じゃなく巨大だ。敗戦後の1951年に制定された法律で、郵便貯金は大蔵省資金運用部(現・財務省財政融資資金)で運用されることになるのだが、その年に2009億円だった郵貯残高は、2003年には1000倍以上の230兆円に膨れ上がった。このうちじつに156兆円もが財投で運用されている(同様に簡易保険も120兆円の残高のうち21兆円が財投に)。

こんな巨額を、戦争がないいま、いったい何に融資しているのだろう。

それは私たちの身の回りに起こったことと無縁ではない。

不幸なお金の使われ方その2　地域破壊

私が中学生になった1970年ころ、近くの小学校が突然廃校になった。また、私の学校からも数人がポツリポツリと隣町へと引っ越していった。突然の廃校や転校の理由を子どもの私たちが知るわけもない。そして数カ月後、同級生と連れ立って、隣町に転校した友人の家を訪ねると驚いた。細々と営んでいた農業ではけっして建てることのできない御殿のような家に住んでいたからだ。

当時、私の住んでいた北海道苫小牧市では、その東部に広がる広大な勇払《ゆうふつ》原野に世界一のコンビナート地帯を創設するという国家プロジェクト「苫小牧東部開発」事業をめぐり、大人たちは、「開発だ」「いや公害だ」で賛成・反対の議論を闘わせていた。

このときの土地買収の交渉をおこなったのが、第三セクターの「苫小牧東部開発株式会社」だ。借金に苦しんでいた農家の多くは、数千万円の補償金の誘惑に勝てなかった。小学校が廃校になったのも生徒が激減したからだ。

多くの子どもたちが「開発」の波に呑まれていった。

しかしいま、その土地を訪れても、目にするのは一面の原野。計画は、企業誘致に失敗し頓挫《とんざ》してしまったのだ。

郵便貯金を資金源とする組織にお金は流れる

この会社に融資をしていた特殊法人「北海道東北開発公庫」は、青森県でも同様の計画を進め、二つの会社から不良債権１４３０億円を抱え込むことになる。この「公庫」

は、郵便貯金を原資（資金源）として無理な事業を進めていた。

ところが１９９９年、この公庫は、同じく特殊法人の「日本開発銀行」に合併され、新しい特殊法人「日本政策投資銀行」として生まれ変わることでその借金はチャラになった。

何のために、多くの人が離農し、友だちが離れ離れにならなければならなかったのか？

何のために、住み慣れた家を捨て、町を破壊しなくてはならなかったのか？

誰も、その責任をとらなくていい仕組みになっている。


一方、批判の集まったその事業に対し、原資である郵便貯金の問題点を指摘する人は、当時、いなかったのではないか。むしろ、当時は定額貯金で６％近い高利子にひかれ、将来のためにと、子どもも、開発反対派も含め、多くの人が郵便貯金にはげんでいた。

戦争で子どもたちが殺されている現実と、日本で起こっている環境破壊や地域崩壊は、ここにおいて共通なのだ。

私たちが、自分の貯金がどう使われているかをあまりにも知らなすぎるのである。

その結果、環境破壊によって何の得もしないのにその破壊行為に加担し、戦争を望まないのに戦争に関わっている。

ここに述べたのは、30年以上も前の出来事だが、財投はもちろんいまでも多方面で運用されている。

貯金で生活が壊されていく

たとえば長良川河口堰の問題がある。

長良川は、ダムのない川として、鵜飼《うかい》の川として全国にその名が知られた、岐阜県と三重県を流れる清流である。この河口に1995年、利水と治水目的との名目で、全国からの反対の声を押し切り、「可動式の堰」が作られ、川にゲートが下ろされると長良川は長大なダム湖と化した。

以来、ゲートは一度も開くことがなく、川がよどみ、水質が悪化した。

「河口堰」を作ったのは「水資源開発公団」という特殊法人（のちに独立行政法人「水資源機構」）。ここはその建設資金の一部を大蔵省資金運用部から融資されていた。総建設費用は１８４０億円。

ところが問題は水質汚染だけにとどまらなかった。河口堰の完成前、三重県、愛知県、名古屋市が河口堰に堰き止められた水を買う契約をしていたのに、いざ運用がはじまっても、地元企業は節水技術の向上で、工業用水をただの一滴も買わずにすんでしまった。

しかし契約している以上、水料金は水資源機構に払わねばならない。工業用水と水道用水合わせて、三重県は毎年27億円（赤ん坊も入れて県民一人当たり約１５００円）を、愛知県は38億円（同じく約５２０円）を支払っているのである。

当然、しわ寄せは水道を使う一般家庭におよぶ。河口堰の水を使う市町村では、２割から４割も**水道料金が値上がり**し、三重県津市では、２００１年に３割の再値上げをおこない住民の猛反発をくらった。

そして、「水資源機構」はいま、日本最大規模となる「徳山ダム」を岐阜県に建設している。総工費は２５４０億円。このダム工事のために、土地強制収用も発動され、全４６６世帯が村外に移転し、一つの村が消滅した。そして、その建設目的も当初の「利水」「発電」「緊急水補給」であったのが、水余りの現実に、その後「治水」も加えられ強引に工事が進められている。

私たちは貯金で結局、損をしている

上記の水道料金だけではない。たとえば、高速道路。

高速道路料金は高い。隣の県まで往復しただけで５０００円取られることもある。

民営化された悪名高い「日本道路公団」は、私たちの郵便貯金を財源として数多くの高速道路を建設してきた。その仕組みは後述するが、借りたお金は当然返さなければならないから、事業で儲けたお金を、公団は利子をつけて財務省経由で郵政公社に返している。

それが私たちの貯金の利息の一部になるからメデタシメデタシ……とはならないのだ。なぜなら、道路公団はその杜撰《ずさん》経営で30兆円近い赤字を抱えているため、借金を返せる余裕がない。その返せない借金を肩代わりしているのが、私たちの税金だ。その額、1年間で２０００億円前後（国民１人当たり約１７００円）。

たとえばいま、１００万円を1年間の定期貯金で郵便局に預けたら、その利息は年３００円にしかならない。ところが、道路公団の赤字補給に使われる税金２０００億円を納税者約4000万人で割ると、1人当たり5000円にもなる。赤ん坊を入れた全国民で割っても1人1700円だ。高速道路を使う人ならば、これにさらに、本来タダになるはずの高速道路料金が加わる。

結局、得をしているのは誰だ！

日本道路公団は赤字だ。

だが、不思議なことに、その子会社や関連会社は黒字だ。

昨年、公団が発注した鋼鉄製橋梁工事の談合が発覚した。トンネル工事にも談合が指摘され、いずれも、落札率は100％に近い。

これら工事の受注業者の多くに公団ＯＢが天下っている。

そして、私たち高速道路利用者と直接関わる、料金徴収やサービスエリア運営をおこなう会社は80以上あるが、ここにも大量の公団ＯＢが天下っている。

公団は複数の株式会社へと民営化されたが、これにより、これら事業の拡大が予想されており、株式会社となった以上は堂々と天下りができるのだ。

バカらしいお金の流れ

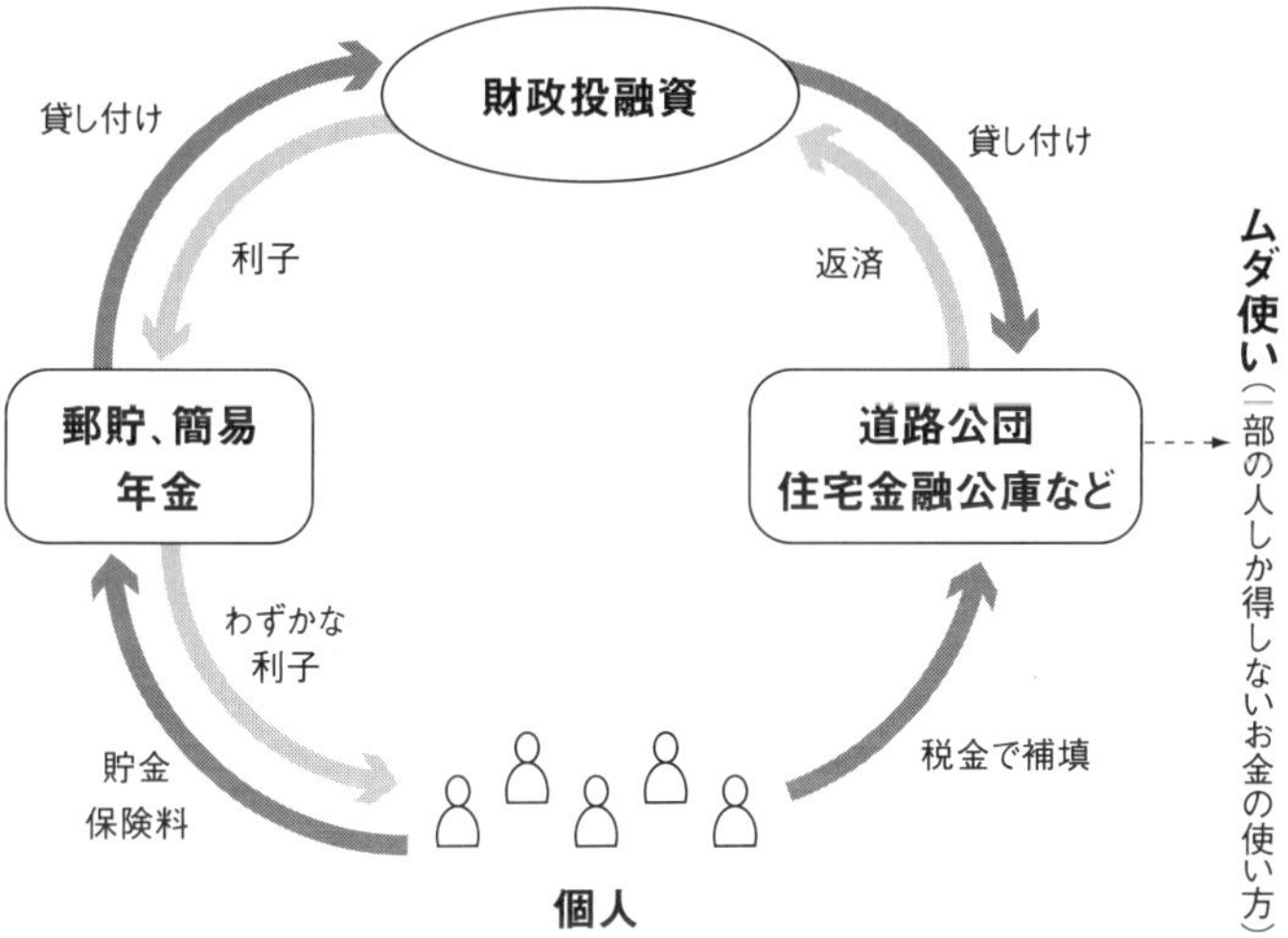

つまり、赤字の部分は私たち国民に尻拭いをさせ、黒字の部分は公団OBや関係者で甘い汁を吸っているのである。

税金や公共料金でさっぴかれる、わずかな利息

まだある。「財投」で新幹線を作ったために巨大な債務を抱え込んだ「国鉄（現JR）」は、最終的には、28兆円もの赤字を残し、それは私たちの税金から返済することがすでに決まっている。

「住宅金融公庫」もお金を返せないので、数年前に3700億円の税金

補塡を受けている（日本道路公団の倍近い！）。廉価な住宅を供給する目的をもつ「都市基盤整備公団」（現「独立行政法人都市再生機構」）。特殊法人はコロコロ名前を変えていて、ややこしい！）は１３００億円、「国民生活金融公庫」は２２０億……と、その例を出せばきりがない。

つまり、年数百円の利息を受け取る代わりに、私たちは数千万か数万円を税金や公共料金という形でさっぴかれているのだ。

簡単に書けば、

郵便貯金をする

↓

その貯金を公団や公庫などの特殊法人が借りる

↓

利子をつけて返済しなければならないのに、赤字経営のため返済できない

↓

赤字を埋めるために私たちの税金を使う

簡単に書けばこういうことだが、バカらしくなる話である。

「財投機関」の正体

このほかにも、財投を利用する組織(「財投機関」とよぶ)には、やはり数十兆円もの負債を抱える「住宅金融公庫」、そして、赤字続きの「本州四国連絡橋公団」などがある。

多くの農地を強制収用し、村を破壊して作った成田空港を運営する「新東京国際空港公団(現・成田国際空港㈱)」も、ナトリウム漏れ事故を起こした「もんじゅ」を作った動燃(現・「日本原子力研究開発機構」)もだ。

途上国の環境破壊や地域崩壊を招く原因の一つと取り沙汰されているODA(政府開発援助)の資金供給先である「国際協力銀行」もだ。財投は、**政府が作った法人**であるこれら約40もの財投機関に利用されてきた。

結局、それで得をしているのは、それら法人に天下った役人、一部の建設業者のみである。

不幸なお金の使われ方その3　生活破壊

私たちの貯金や年金、簡保は、私たちの知らない間に、数々の環境破壊やムダな公共事業を作り出している。それも国内だけではない。海外のあちこちでも大きな爪痕《つめあと》を残している。

マレーシア・ボルネオ島サラワク州では、1980年代後半から、その過剰な熱帯林伐採が世界的に問題視されはじめた。

1990年前後でいえば、サラワクから大量に切り出される丸太の半分が日本ただ一カ国に輸入され、工事現場でのコンクリートパネルや合板を使った家具などに利用され、いずれも短命でゴミとして捨てられる。その大量浪費は国際的な非難を浴びている。

この過剰な商業伐採に最も反対したのが、当の熱帯林に暮らす先住民だった。

野生の猪や鹿を捕り、農業で米や野菜を育て、川で魚を捕らえる生活を送っていたのに、伐採のために森が荒れて動物が激減し、川に土砂が流れ込み大きな魚は姿を消した。

このため、多くの村が、伐採に反対するため、道路封鎖をおこなった。だが、そのたびに、警察が銃を携えて、リーダーの先住民を容赦なく逮捕していったのだ。その数のべ1000人以上にのぼる。

貯金と税金で巻き上げられたお金はムダに使われる

この過剰伐採は日本のODAの遂行機関の一つJICA(現・「国際協力機構」)が日系企業に資金融資をおこない、伐採用道路を建設することで支えられていた。

JICAは国民の税金(一般会計)が資金源だから、財政投融資とは直接関係はない。だが、財投機関の一つである政府系金融機関の日本輸出入銀行(現・「国際協力銀行」)が融資した事業に付随する事業には融資をおこなえる。

つまり、私たちの郵便貯金などがある事業に融資されると、次に、私たちの税金を使ってそれに付随する事業に融資がなされるというシステムがあるのだ。

もっとも、サラワクの場合は、この日本輸出入銀行の本体事業が存在しないにもかかわらず、JICAが独自で日系企業に融資をおこなったことが問題視され、国会でその責任が追及された。

要は、財投機関の日本輸出入銀行が隠れみのにされ、伐採用道路が作られたのだ。

政府は「生活道路の支援です」と国会で答弁するばかりだったが、現地では、その伐採用道路の上で、ある先住民の老婆が痩せた体を杖で支えながら、私にせつせつと訴えたのである。

「豊かな森ときれいな川があれば、私たちはいつまでも生活に必要な恵みを得ることができるのです。どうか命の森をこれ以上切らないよう日本政府にお願いしてください」と。

だが90年代に入っても、21世紀になってもいまだにサラワクで過剰伐採が終わる気配はない。そして、毎年のように、伐採用道路では、トラックが満載する丸太だけではなく、伐採に反対した多くの人が警察の車に運ばれ町の留置所へと向かっている。

不幸なお金の使われ方その4　環境破壊

インドのシングローリ地区には、空を突くような長大な煙突をもつ巨大火力発電所がある。煙突からの煤煙で街は灰色に染まり、タオルを口に当てなければ歩くこともできない。

シングローリ地区はダム開発からはじまり、炭鉱を開き、その豊富な石炭で火力発電所が5基建設された。そして、そのなかでも原発に匹敵する100万キロワットという発電量を達成しているのが、日本輸出入銀行の融資でできた巨大火力発電所だ。

同地区では、ダム開発以来、その開発のため80万人が農地を追われ強制移住させられたといわれる。そして、移住後の生活はじつにみすぼらしいものだった。家は台風がやってくれば壁が崩れ落ち、下水道もないので道に溜まる汚水にマラリア蚊が湧き、移住前に約束されていた代替農地も雇用も無視されていた。

生活を破壊されたうえ、利子をつけて返済しなければならない

現地で会った老人は、煤煙に肺をやられ、移住してからというもの2年間喘息に苦しみ、自宅のベッドに寝るだけの生活を送っていた。ところが、そういう人を治すべき病院には風邪薬以外の薬品が常備されていなかった。

工場からの廃液は広大な窪地にドボドボと注がれ広大な泥の湖を作り、その湖は数カ月後には表面が乾き、有害物質を含んだ灰が風に飛ばされ街へと向かう。

すさまじい健康被害と環境破壊が起こっていた。

この現状に、地元のNGOは「『開発』は進められている。だがなぜその恩恵を地元

の人間が受けられないばかりか、被害を被らなければならないのか」と批判している。強制移住を非難する記事を書いたり、反対運動を起こしたため投獄された地元のジャーナリストは日本のODAが建てた巨大火力発電所への激しい怒りを見せていた。

「日本のODAは環境を悪化させ、人々の健康を奪っている。どうしてこの惨状と引き換えに、貧しいインド国民が、融資額1500億円に利子をつけて日本に返済しなければならないのか」と。

わずかな利息の見返りに、生活コストは高くなる

お金を融資されている以上は、財投機関は、利子をつけてお金を返済しなければならない。

それこそが私たちの郵便貯金の利息の源だ(ちなみに、ODAも途上国の発展のためといいながら、多くは「有償援助」。つまり、貸した以上の金を返してもらう仕組み)。

2004年度でいえば、郵政公社の資産運用収益は約3兆8000億円で、このうち、財投への預託金利息が約2兆8300億円とその75%を占めた(残り25%はほとんどが

国債や地方債などからの収益)。

わずかな利息とはいえ、環境を壊し、**多くの人の生活を困窮させたことで得られる利息……**。

もちろん、事業で採算を取り、きちんと郵便貯金に返済している特殊法人もある。だが、問題とされるべきは、長良川河口堰のように、地域住民から税金と高額の水道料金を吸い上げることで、はたまた、日本道路公団や住宅金融公庫のように、私たちの税金の補填を受けることで返済する機関もあるということだ。

財務省が出す「財政投融資リポート2004」を読むと、「財投機関には不良債権は一件もない」と書かれている。正確には、そこに「なぜなら政府から**赤字の補填**を受けているから」と付け加えるべきだ。

めぐりめぐって損する人々

私たちはいま一所懸命働いて郵便局に金を預けると、100万円の貯金でやっと数百円の利子を得ることができる。

しかし、その見返りに水道料金は値上がりし、タダになるはずだった高速道路料金はいつまでたっても世界一高く、税金で財投機関の赤字補填がされる。

財政投融資がめぐりめぐって私たちの**家計を圧迫している仕組み**は戦時中とまったく変わらない。

ある調査によると、2001年3月末時点で、65の全特殊法人の負債総額はじつに360兆円にものぼり、これは、国民1人当たり283万円を負担する計算になる。

銀行で得をする人、損をする人

いままで見てきたように、郵便局に預けたお金は、私たちの生活をかえって破壊するような使われ方をするケースが多い。

しかし、銀行についても同じことがいえる。

たとえば、4大メガバンク（UFJ銀行、みずほ銀行＋みずほコーポレート、三井住友銀行、東京三菱銀行）がどこに融資しているかの融資先トップ10の一覧表を見てみよう。

4大メガバンクの貸付残高トップ10

（単位：100万円）

	UFJ 銀行		東京三菱銀行	
順位	企業名	貸出残高	企業名	貸出残高
1	ダイエー	429,630	住友商事	132,498
2	双日	267,086	双日	105,261
3	ユーエフジェイホールディングス	264,900	三菱重工業	104,553
4	日本信販	250,000	ジャックス	101,320
5	大京	139,861	丸紅	87,710
6	ミサワホーム	119,393	東日本旅客鉄道	72,000
7	UFJセントラルリース	109,717	オリエントコーポレーション	69,689
8	オーエムシーカード	96,456	兼松	55,185
9	阪急電鉄	88,701	近畿日本鉄道	41,577
10	セントラルファイナンス	67,500	三菱マテリアル	36,632

	みずほ銀行+みずほコーポレート銀行		三井住友銀行	
順位	企業名	貸出残高	企業名	貸出残高
1	オリエントコーポレーション	290,000	東京電力	200,134
2	みずほファクター	153,980	ダイエー	186,086
3	セイコーエプソン	144,700	住友商事	146,442
4	ダイエー	142,358	三井住友建設	142,429
5	伊藤忠商事	137,518	オリエントコーポレーション	140,000
6	東日本旅客鉄道	137,000	伊藤忠商事	123,881
7	丸紅	126,347	住友不動産	115,386
8	西友	125,880	阪急電鉄	100,445
9	日本電信電話	106,201	オリックス	98,000
10	オリックス	102,480	三井不動産	95,200

2005年3月末
出所：金融ビジネスAutumn2005号

大手メガバンクに貯金したお金は、
おもに大手商社、ゼネコン、消費金融などにまわっていく……。

あなたの貯金は、結局、大手商社、ゼネコン、消費金融など大企業のもとへ回っているのだ。

金融とは、本来、お金が余っている人からお金が足りなくて困っている人に、必要とするお金を融通《ゆうづう》するということだ。

しかし、実際は、環境破壊や戦争に使われ、弱者支援や私のたちの生活のためには使われていない。

自宅近くの高層マンション建設、沖縄の新たなリゾート開発、それらに反対する人でも、開発企業に融資をおこなう銀行に貯金をしている。

ダム開発に反対していても、その資金源となる郵便貯金をしているのだ。

貯金で得するのは一部の人間だけ

そして、それらダム建設を推進する**特殊法人に天下る役人たち**はほんの数年間の在職で数千万円の退職金を手にするのに、ダム建設のあおりを受けて、私たちの水道料金や電気料金は値上げされ、その上、特殊法人が赤字に陥ると、その分は税金で補填されてしまう。

誰が貯金で得しているのか？

結局、貯金で得するのは一部の人間だけなのである。

私たちは、お金を渡したくない人間たちにお金を渡している。気づかないままに。

テレビのスポンサーは銀行や金融である

ところが、これほど重大なことがいままでマスコミで語られたことはほとんどない。

マスコミは、貯金といえば、私たちに魅力がある金融商品かどうかの財テクとして語り、戦争や環境破壊といえば、その悲惨な映像を流し戦争や環境破壊反対の気運を盛り上げることに使命を燃やす。

だが、貯金がお金の入り口なら、環境破壊や戦争はその出口という、一筆書きのようにつながっているお金の流れを包括的に見渡す視点は残念ながら、ない。

当然、私たち貯金者がめぐりめぐって損をさせられていることに気づかない。また、気づいていたとしても、とくにテレビの場合は、番組のスポンサーが銀行や大手消費者金融であれば、それを放映することはない。

いずれにせよ、私たちが望まないものを、私たちの貯金は実現してしまう。

1章のまとめ

・私たちの貯金は、不幸な使われ方をされている。戦争や環境破壊などに使われ、「世のため」「人のため」にではない。
・郵便貯金が特殊法人に使われることで、公共料金は値上がりし、特殊法人の赤字には私たちの税金が補給される。
・結局、貯金をすると損をする。

❷ 豊かで幸せな生活のために

私たちの生活を豊かにしてくれる事業に、貯金は使われていない。

たとえば、これからの日本は、少子化と高齢化が同時に進む。そこで、私たちの生活にとってまず必要となってくるのは、小回りのきく福祉だ。

そして、ＮＰＯビジネス、保育、障害者支援、環境にやさしい農業、なども、いまは立ち上げの段階にある「これからの事業」であるために、お金を必要としている。

本来、国がやらなくてはならない公共性の高い事業のため、それほど儲からず、資金繰りは大変だ。

だが、貯金はそれらの事業に融資されない。福祉事業などにお金を貸そうとする金融機関は少ないのである。

なぜ、金融機関がこれらの事業にお金を貸そうとしないのか？　その理由を探るとともに、「小規模だから」「女性だから」などの理由で、金融機関から融資されない事業にどんなものがあるかを知っておこう。

そんな事業こそが、今後社会から求められ成長していく事業なのだ。知られていないだけで、そんな優良事業はじつはたくさんある。

貯金からお金が回わされない事業

貯金が融資されない事業その1 乳幼児保育

公立保育園では実現しなかった、誰でもいつでも利用できて、専業主婦の子どもでも預かる保育園を作りたい。

この想いから、NPO法人「ワーカーズ・コレクティブ・さくらんぼ」は横浜市で保育園を運営し、子どもたちを朝7時半から夜8時まで預かっている。運営メンバーの15人は全員が女性だ。

開園にいたるにはたいへんな資金繰りがあった。

ワーカーズコレクティブ（以下、ワーコレ）とは、**地域に必要なモノやサービスを地域の人々で実現する**という市民事業のことをいう。その事業に参加したい全員が出資し、全員で働き、全員で経営と運営に参加するのが特色だ。

「さくらんぼ」でも、一つ目の保育園「保育室ネスト」を立ち上げる際、8人のメンバーが30万円ずつ出資した。だが必要な1000万円には800万円足りない。そこで300万円は私募債（知人・親戚などから資金調達すること）で集め、残り500万円は国民金融公庫からと計画した。

「本当に気楽でしたね。だって、国民金融公庫は『貸金業者以外には貸す』という触れ込みだったので、絶対借りられると思って……。でも、**『福祉には貸さない』という奥原則**（書面には書いていない原則）があってダメだったんです」（伊藤保子事務局長）

ちなみに、国民金融公庫も、郵便貯金を原資とする財投機関の一つである。

地域から期待されているのに貸さない銀行

そこで、次に、いろいろな銀行を回った。

「でもどこでも同じことをいわれました。『夫名義なら貸す』とか、『源泉徴収票で30

0万円以上の年収が証明されれば貸す』とか……」

よっぽど夫名義で借りようかと思った。だが、伊藤さんたちは「私たち」に貸してほしいとそこで踏みとどまった。伊藤さんも理事長の松井孝子さんも、それまでワーコレで弁当の仕出しをやるなどきちんと働いてきた自負がある。だが、**性別や年収を理由に**融資を断られ続けたのだ。

伊藤さんはいまでも「屈辱的でした」とそのころの金策を忘れない。

仕方なく、再び私募債で680万円を募集することにする。すると驚いたのが、それが3週間で集まってしまった。それだけ地域から期待されていた保育園だったのだ。

伊藤さんたちは何とか危機を乗り切り、1997年に「保育園ネスト」の開園にこぎつける。翌年には、二つ目の保育園も開園した。

だが同時に、私募債でお金が集まったことで、伊藤さんたちは逆に考えてしまった。

「私募債での担保は、友情や信頼など人間にとって一番大切なもの。つまり、事業に失敗すれば、人間関係にヒビが入るという危険な資金調達でもあるんです。しかも、私たちの場合の問題は、私一人が680万円のうちの半分以上を集めたことで、みんながイーブンでなくなってしまったんです」

みんながイーブンになれるような方策はないのかを伊藤さんたちは話し合いはじめた。

そこで出された一つの結論は、私募債で集めたお金を返却し、新規にどこかから借りようということだった。だがどこから？　伊藤さんたちはまた資金繰りを考えることになる。

貯金が融資されない事業その2　個人事業

山梨県北杜市明野町にあるパン屋「アリコヴェール」は、車でなければ行けない山のなかにあるのに、その確かな味に多くのファンをもつ。

「ここでの開業はことごとく反対されました。でも、いまは場所じゃないんだなと思います。ごまかしのない本物を作り続けていると、口コミで信頼が広がっていくんですね」

こう語る代表の望月三由季さんは、長女と次女が赤ん坊のころにアトピーであったことから無添加の食生活を心がけるうちに、自分で国産小麦と天然酵母を使ったパンづくりをしたいと思いたった。

生まれたばかりの三女をおんぶしながら、毎月1～2度、1年半にわたり東京までパンづくりの勉強に通った。そして、自宅横でのパン屋開業のためのプレハブ建設資金250万円の融資を地元銀行に申し込んだ。

家族とつき合いのあった金融機関だ。間違いなく貸してもらえる。望月さんはそう確信していた。だが断られた。

一介の主婦では返済への信用が得られなかったからだ。

銀行が提示した条件は夫名義でなら貸すということだった。そして、望月さんが一番悔しかったのは、対応してくれた行員の言外に**「どうせ女の趣味でしょ」**といった態度があからさまに見てとれたことだった。

「私は本気だったのに、そのやる気を見てくれないのがとても残念でした」

望月さんは銀行側の条件を受け入れ、夫名義で融資を受ける。そして誓ったのは、金融機関を納得させるのは「実績しかない」ということだった。

開業後、その安全性と確かな味に客層をつかみ、はたして、望月さんは期限前に250万円を返済する。そして、次の夢であるドイツ製石窯を使ったパン屋を現在の土地に開くため、国民金融公庫に1280万円を申し込むと今度はすんなりと融資を受けることができたのだ。だが着工後、砂利の敷設や、地盤沈下防止工事などにもう200万円が必要なことが判明した。

どこに頼ろうか？　望月さんはまた金策を考えなければならなくなった。

貯金が融資されない事業その3　高齢者福祉

東京都江戸川区にユニークな高齢者入居住宅「ほっと館」がある。

老人ホームと違い、お世話をしてあげる人はいない。バリアフリーの個室に加え、誰もが顔を合わせられる共有スペースを設置している設計で、入居者はそれぞれのペースで暮らし、気になることがあれば、一階に事務所を構える「ほっと館」を運営するNPO法人「ほっとコミュニティえどがわ」（以下、えどがわ）の生活コーディネーターに声をかければいいし、必要ならば、同じ事務所にあるNPO法人「ATC江戸川たすけあいワーカーズもも」から有償で介護や家事援助を受けることもできる。

一階には、入居者も地域住民も誰でも利用できるレストランもあり、施設の外となかとで区分されない自然な交流が日常の一コマになっている。

「えどがわ」事務局長の毛塚香恵子さんは、10年以上も江戸川区で介護の現場に携わってきた人だ。

「その経験で、自宅か施設かの二者択一しかない高齢者の居住のあり方に疑問をもったんです。高齢者がのびのびと毎日を送り、けっして一人ではないと思ってもらえる居住空間づくりはずっと考えていました」

しかし、ここを建設するまでには山あり谷ありの連続だった。

「ほっと館」ははじめ、某企業の男子寮を改修して利用する予定だった。だが、半年もかけて計画を練ってきたのに、寮の大家から、ほっと館の事業では「家賃収入が望めない」と断りの連絡が入る。これには相当こたえたという。

次に、区内のお寺から土地を貸してもよいとの申し出があり、これを受けることにしたのだが、困ったのは建物の建築費だ。1億2000万円をどう集めるかである。

労働金庫も「起業」には貸したがらない

毛塚さんは「労働金庫」を訪れた。ここならほかの銀行と違い、ＮＰＯへの融資実績もある。絶対に貸してくれる。それだけ社会的意義のある活動をやるんだから。そう思っていた。

労働金庫は、日本では最も良質な金融機関の一つだ。ほかと違って、組織自体が非営利金融機関で、そのほとんどの融資が、企業にではなく、住宅、結婚、教育資金など**労働者の生活のために**実施されている。郵便貯金や銀行貯金に代わる預け先の一つとして考える人も少なくない。

労働金庫は、２０００年４月から「ろうきんＮＰＯ事業サポートローン」というＮＰＯに融資を実施する制度を立ち上げている。

無担保でなら上限５００万円までを年２・３７５％の金利で融資し１４２件約９億円の実績を上げている。社会におけるＮＰＯのニーズを把握し、その支援に関わっている点は大きく評価できる。

ところが、親身ではあったが労働金庫は毛塚さんたちに融資しなかった。ＮＰＯに融資する場合、「最低３年の実績」という条件があり、**新規事業に貸す制度はなかった**のだ。

「担保」がないと借りられない

「国民金融公庫」にも相談した。ここも担保がなければと融資を断られる。

次に地元のA信用金庫を訪ねる。ここは担当者の理解があった。担当者が幾度と示す条件を極力受け入れ事業案をまとめ、「えどがわ」の理事たちも連帯保証人になり、いつ事業がはじまってもいいように準備を進めた。だが、半年をかけたのに、そこも最後には担保がないとのことで融資を断られてしまったのである。


さて、このように借財に難儀していた「えどがわ」だが、金融機関だけに頼るのではなく、初期の段階からたいへんな自助努力で資金の一部を自己調達していたことは書き留めたい。計画当初から、100人近くの仲間から1000万円を借り入れ、金融機関との交渉が難航と見るや、その仲間たちから計2200万円におよぶ資金協力の申し出を受けていた。ほっと館は多くの人の夢であったのだ。

そういった仲間の一人が、窮状を見かねて、区内の小松川信用金庫を紹介する。ここはＮＰＯとのつき合いははじめてだったが、「えどがわ」の事業案を熱心に聞き、「えどがわ」が、すでに数千万円の自己調達を可能にしていることと、それを支える人的支援があることを高く評価し、融資に踏み切ったのである。

こうして決まった信金からの融資と個人からの協力に加え、ほっと館の一階に小児科医院が入ることでのテナント料も確保され、入居者からの入居一時金を加える形で、建設資金は着々と確保されたのだ。着工は、入居希望者が6人になったときと決まった。

たった一つの不安は、高齢になってから居を移すことに心理的ストレスを覚える入居希望者にキャンセルが出る可能性だ。その場合、一人当たり入居一時金４８０万円の不足が生じる。入居契約は竣工後に交わされるため、こうしたリスク管理が検討課題となった。つまり、その場合、その不足分をどこから借りるかである。

貯金が融資されない事業その4　障害者福祉

北海道札幌市にあるＮＰＯ法人「自立生活センターさっぽろ」（以下、さっぽろ）は、自立生活をおこなっている障害者への24時間体制での有料介助の派遣、リフト車での送迎サービス、支援費制度や介護保険制度におけるホームヘルパーの派遣、在宅ベンチレーター（人工呼吸器）使用者への相談などさまざまな業務をおこなっている。

　そして、職員の多くが何らかの障害をもっている。

　電動車椅子を使う事務局長の岡本雅樹さんは、筋ジストロフィーの進行で12歳から18歳までの6年間を、国立療養所での療養と、同じ施設内にある養護学校で過ごしていた。地域で自立生活をしたいとの夢はあった。だが徐々に重くなる障害に「自分には無理」だと思っていた。

　ところが、養護学校卒業後、自宅で母の介助を受け作業所に通う毎日のなかで、自分より重度の人たちが力強く自立生活を送っている様子に刺激される。そして「さっぽろ」のスタッフたちの励ましもあり、一人暮らしをはじめ、「さっぽろ」で働き出した。

　障害者のなかには一日24時間の介助を必要とする人がいる。岡本さんもその一人だが、札幌市の公的制度では20時間が上限。岡本さん自身は12時間しか介助を受けられない。岡本さんのように、行政以外からの支援を待つ人は大勢いるのである。

行政ができない部分を埋める公的事業

そういう行政のできない部分を埋めるために、「さっぽろ」は介助者の派遣など自主事業をおこなってきたのだが、転機が3年前にやってきた。国からの委託事業としてホームヘルパーを派遣する「支援費支給制度」が2003年度からはじまることになったのだ。これにより、それまで自主財源に頼っていた小さな福祉団体も市場参入できるようになった。「さっぽろ」でも参入すべきか否かでさまざまな議論を交わしてきたが、最終的には、一日24時間など長時間介助が必要な人にはなくてはならない制度であると判断し、「パーソナルケアさっぽろ」との名称で事業所の指定を受けることになった。

だが、一つ問題が発生した。支援費支給制度を使って必要と思われる人たちに事業を展開すれば、国から下りてくる予算は1桁増える代わりに派遣する介助者も大増員することになる。

ところが、支援費支給制度では、実際の介助をおこない、その月ごとの報告を国にあげて、予算が下りてくるのは2カ月も先になるのである。計算してみると、国からお金が入ってこないその2カ月間、必要な予算は約500万円であることがわかった。だが、そこまでの蓄えはない。

「さっぽろ」では地元の金融機関につなぎ融資を依頼することにした。

過去の実績だけで判断される

採算性のない事業ではない。国から入ってくるお金が資金源だ。どこから金を借りても、**間違いなく返済できる**。ところが、札幌市内の金融機関をひと通り回ってみても、貸してくれるところは一つもなかった。

金融機関を訪れると、どこでもまず、過去3年間の実績を示すよう求めた。決算書、事業報告書、貸借対照表、パンフレット、新聞記事などあらゆる資料を揃えて提出したが、結局毎年赤字の団体にはどこも難色を示した。

もともと、融資はむずかしいかもしれないとの予測はあった。しかし、1カ所も貸してくれない現実に、とうとう支援費支給制度事業がはじまるころに、岡本さんたちは怖くなってきた。

お金を貸してもらえないということは、介助者への人件費を1～2カ月間支払えないことを意味する。そうなると、「さっぽろ」自身が社会的信用を失ってしまう。

障害者のグループにどこがお金を貸してくれるのか？

貯金が融資されない事業その5　農業

黒豚がドドドと何頭も連なり山のなかを走っている。ある群れはのんびりと土の上で昼寝をしている。ある群れは人を見ると人懐こく近寄ってくる。

鹿児島県の農業生産法人「えこふぁーむ」（社員3人）では、従来の養豚で当たり前におこなわれてきた「牙抜き」「尻尾切り」「去勢」、肥育段階での「豚舎飼い」をせず、必要最低限なワクチン以外の「投薬」を一切おこなわないという、おそらく日本でここだけの豚の飼い方を実践している。

「いまの養豚のほとんどは工業豚です。狭い豚舎にぎゅうぎゅう詰めで育てるので、ストレスでたがいの尻尾を噛み切るから、あらかじめ牙や尻尾を切ってしまうんです。また、味のためとはいえ、去勢するのはかわいそう。オスはオスとして生きたいのですし」

こう語る代表取締役の中村義幸さんは、じつは、豚と関わってまだ4年しか経っていない養豚の素人だ。きっかけは残飯だった。

自身が社長を務め、妻のえいこさんが専務を務める「㈱トップライン」では、20年来一般廃棄物と産業廃棄物の収集を扱ってきた。自ら収集の現場も経験したえいこさんが、収集のたびにいつも「一番重い」と感じたのは生ゴミだ。その排出量も膨大だ。「環境のため何とか減らさなければと思っていたら、２００１年に食品廃棄物の堆肥化や飼料化を促す『食品リサイクル法』が施行されました。それもあって、生ゴミの活用を考えたとき、そうだと頭に浮かんだのが、昔、自宅の庭先で豚を残飯で育てたことでした」（えいこさん）

食と環境とが一体となった事業

思いついたら即実行。えいこさんは知人から子豚2匹を買い、老人ホームや病院から出てくる生ゴミを、ザルで水分を切って与えた。豚は健康に育ちやがて出荷されていく。これで自信がつき、さらに20匹を仕入れたころ、横井さんが事業に参画した。

横井さんは地元の大手豚肉加工会社に勤務していたが、顔の見えない流通システムに疑問を抱き、出勤前の時間を利用して、40頭ほどの豚を放牧させ、自分なりの養豚を追求していたことがある。

横井さんが参入してから、豚の放牧がはじまった。豚の適度の運動を満たすと同時に、鼻で土を掘り返す習性を利用して山を耕そうともくろんだのだ。放牧地は、もう何十年も手の入らない荒れた杉山。ここを豚に耕してもらい、豚の糞などで地味《ちみ》が良くなった土地に広葉樹林を植えたい……と。

残飯は、いまでは真空乾燥機で加熱処理し単味飼料を加えて豚の嗜好と栄養を配慮したものに改良されている。そして豚のねぐらには木材チップなどが敷き詰められているのだが、ここに、そのエサを食べたあとの糞尿が混ざり、数カ月後にはほど良い堆肥に変わり、それが最後には畑に使われる。

だが、一般の養豚家からすれば、えこふぁーむの取り組みは奇異に映るようだ。まず効率が悪い。手間隙かけてエサを作るのに、放牧による運動量が多いため、普通は3キロのエサで600〜900グラム太るのに対し、えこふぁーむでは400〜500グラムしか太らない。そして、「去勢しないオスの肉は臭くなる」という定説にもさからっているからだ。

ところが、中村夫妻は、あるとき黙ってその豚肉を社員に食べさせたことがあるが、臭みについての声は聞かれなかった。むしろ「独特の味がする」と、いまではえこふぁーむの豚肉を直接買いつけるレストランも現われているほどだ。だが問題がある。

いま、200頭の豚を飼うが、月の出荷数はわずかに5頭。2004年度は1000万円の赤字を計上した。いつまでもこのままでいいはずはない。もっと頭数を増やさなければならない。だが、どこの金融機関も事業拡大にお金を貸そうとするはずがない。どうしたものか。

金融機関が融資しないワケ～小規模事業が借りられない理由

なぜ、NPOやワーコレ、女性事業などは銀行から融資を受けられないのか。

その理由の一つは、**「信用保証協会」の保証がつかない**ことだ。

「信用保証協会」とは、中小企業が金融機関からの融資の返済が困難になったときに、代わりに返済をしてくれる公的機関である。

中小企業が金融機関からの融資を計画したとき、まず信用保証協会に相談をする。そして、協会がその企業への保証を受諾することを金融機関に連絡して、はじめて、金融機関から企業に融資が実行されるのだ。

いってみれば、金融機関にとって、「信用保証協会」は中小企業の連帯保証人になる。

しかし、この保証を受けるためには、その企業が「中小企業基本法」に定める中小企業でなければならない。ＮＰＯやワーコレ、市民事業などはこれに該当しない。だから、金融機関は、これら市民事業に対しては、返済できなくなった場合の「担保」を求めるのである。

また、もう一つの理由として、ほとんどの金融機関が市民事業を相手にしたことがないので、その**融資へのノウハウがない**こともあげられる。

知人の元銀行マンは「そういう組織を相手にしても手間がかかるだけなんですね」と本音を語ってくれた。

のちほど詳細を書くが、ＮＰＯやワーコレを支援しようと立ち上げられたＮＰＯバンクのなかにも当初は、本当に貸したお金が返ってくるのかとの不安が胸をよぎった人たちがいるほどだから、ましてや、銀行が市民事業の返済能力を疑うのも理解できなくはない。

おそらく、市民事業といえば、その多くがボランティアの延長のような**「事業ごっこ」**と認識されているのだろう。

だが、少なからぬＮＰＯやワーコレなど市民事業は、担保がなくても、事業性と計画性、そして返済能力を有している。普通の会社同様に賃借対照表などの財務諸表を読みこなし、書きこなし、月単位、1年単位におよぶ綿密な事業計画を立てている普通の事業体である。

そして、6つのNPOバンクが立ち上がったいま、結果はどうだろうか。それら事業に融資をしたNPOバンクのすべてが「不良債権ほぼゼロ」を実現しているのだ。

考えてみれば、金融機関は「信用保証協会」の保証の有無で融資の可否を決めるが、それは事業者の事業そのものを深く理解していない裏返しではないだろうか。

2章のまとめ

・少子化と高齢化が同時に進む日本に大切なのは、小回りのきく福祉の拡大・充実なのに、福祉事業にお金を貸そうとする金融機関は少ない。
・本来、国がやるべき公共性の高い事業ほど、お金を必要としている。
・零細企業、女性による起業、農業などに支援する金融機関も少ない。
・その理由は、金融機関が、事業の内容を深く判断するよりも「信用保証協会」の保証を当てにして、融資しているからである。

③ どうお金を使えば豊かで幸せになれるの？

これまで見てきたようにあなたの貯金は、生活には還元されず（わずかな利子のみ）、世界と日本を破壊するための資金として使われている。地域の小事業を支えることにも使われず、さらには私たちの生活を圧迫する。ムダなリゾート開発や戦争などに資金が流れている。

1章で述べた財投制度は、一部の研究者には問題視されていたが、長らく一般には知られていなかった。知られていなかったからこそ、財投はここまで肥大化してきたのだ。そして、一般にはじめてこのことに気づき、研究し、誰にも理解しやすいよう発表してきたのは、田中優さんだ。

さらに、田中さんは、自分たちの望む社会を実現するための融資を実践しようと、市民による市民のための金融機関「未来バンク」を1994年に立ち上げた。

ここに出資することで、戦争や環境破壊にはお金が流れず、私たちの生活を豊かにする「環境」「福祉」「市民事業」の三つに確実に融資が実行されるのだ。

「ザイトー」って何だ？

田中さんは、1986年、長男誕生のころにチェルノブイリ原発の爆発事故があったことで、子どもたちの未来を憂い反原発運動をはじめた。さらには、アルミ缶のリサイクル、ODA問題、ダム問題、熱帯林問題などさまざまな社会問題と関わりはじめた。

そしてあるとき、日本輸出入銀行（現・国際協力銀行）がインドネシアの原発建設に融資するその原資が「財投」であることを知る。

田中さんは財投に関するありとあらゆる本を読破し、調査を進めるうちに、驚くべき事実を知る。

「それまで僕らが反対していた、ダム、河口堰、高速道路、原発、空港、スーパー林道などのお金の出所が、みんな同じだというのを知ったんです」

また、田中さんが強く問題視したのが、どんな僻地《へきち》の郵便局でも、高齢者などの貯金で2億円や3億円の残高はあるのに、それが**その地域での福祉に活用されることなく、**東京という中央でお金の使い道が決められてしまうという、**「金融の一極集中現象」**だった。

地域でそのお金を独自に活用すればどれだけの地域活性になることだろう。それは、自分たちの生活を豊かにすることにほかならないのだ。

これらの疑問から、1993年、田中さんが属する江戸川区の市民団体「グループKIKI」では、メンバーが共同して郵便貯金と財投の関係をわかりやすく解説した『どうして郵貯がいけないの』（北斗出版）を出版した。

本の反響は大きかった。そのなかでも多かったのが、**「じゃ、どこに貯金すればいいの？」**との声だった。

貯金と投資はじつは同じである

郵便貯金から全部でなくても10分の1でも引き出せば財投への影響力が大きくなることから、田中さんは当初タンス貯金するしかないと考えていた。だが、金融問題に関心を寄せた仲間とともにはじめた学習会で、タンス貯金では望まない事業への投資を防ぐとしても、**地域でのお金の循環を作り出す**こともない、それでは、従来の貯金の対案とはいえないとの議論が深まった。

田中さんが訴えたのは**「貯金と投資は同義」**ということだ。

「郵便貯金でも銀行貯金でも、預けた金は眠っているのではなく必ずどこかで運用されています。それが環境破壊的な事業であっても、貯金者が知らないことであっても、それは、貯金者がそれに同意したという『白紙委任』にほかならない」

この点で、田中さんが引き合いに出したのは、経営破綻した「安全信用組合」と「協和信用組合」という東京都にあった二つの信用組合だ。この二信組の事業の6割はゴルフ場開発などの乱開発だったが、その金利はほかの金融機関よりも高かった。当然、この金利欲しさに多くの貯金が集まった。そして、バブルの崩壊とともにゴルフ場への融資は「焦げつき（貸したお金の回収ができないこと）」、二信組は破綻するのだが、この乱開発を支えたのは「貯金者のモラルのなさ」だと田中さんは強調する。

そう、その金融機関がどういう事業に融資しているかを確認してから貯金することは、私たち日本人に欠けている意識なのではないか。

田中さんたちは、モラルある貯金の実現を意識しはじめた。

自分たちに役に立つ金融の誕生

では、自らの貯蓄に責任をもち、貯金者が納得できる金融とは何か。戦争や環境破壊にではなく、世のため自分のため必要な事業への融資は可能なのか？田中さんたちが行き着いた結論は、「市民がお金を集めて市民のためにに融資をする金融機関を自分たちで作ろう」ということだった。

こうして1994年、田中さんは既存の銀行が融資しようとしない「環境」「福祉」「NPO」の3分野への融資に限った日本初のNPO非営利バンク「未来バンク事業組合」（以下、未来バンク）を設立し、理事長に就任した。

バンクといっても銀行ではない。**東京都登録の貸金業者**だ。

その仕組みを説明しよう。

貸金業者とは、簡単にいえば、テレビコマーシャルでよく見る消費者金融のことだ。人にお金を貸す活動をおこなう場合、都道府県単位で貸金業者の登録をしなければなら

新しいお金の動きを作り出す「未来バンク」のシステム

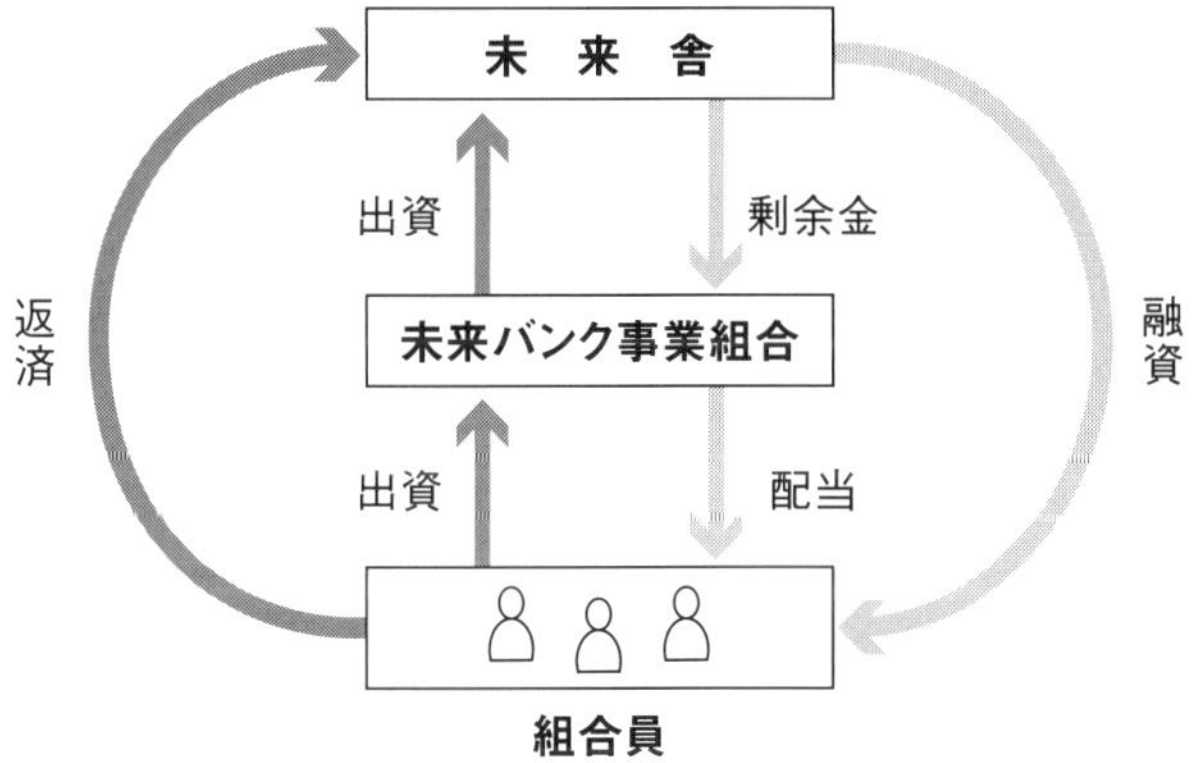

「未来バンク事業組合」は、組合員からの出資金を受つけたり、融資の決定をする任意組合*。しかし、任意組合ではお金を扱えないため、貸金業者である「未来舎」が出資金を全額預かり、組合員に融資するやり方をしている。
お金は組合員から組合員に流れるので、組合員の間だけでお金を循環させることができる。
*官庁への届出不要の、当事者の契約だけで成立する組合。法人格はない。

ないので、未来バンクもこれに従った。

とはいえ、同じ貸金業者でも大きく異なるのは、大手消費者金融は、誰にでもお金を貸すが、未来バンクでは、未来バンクの組合員にだけしかお金を貸さないということだ。その組合員になる条件は、1口1円で1万口以上の出資、すなわち1万円以上の出資だけ。借りられるお金は原則出資額の10倍までである。貸付金利は3％（ちなみに、消費者金融は最大29・2％）。

そして、未来バンクのパンフ

レットにはこう書かれている――

「出資金は元本を保証するものではありません。リスクを皆で共有するものですから、貸倒れが発生した時などには、元本を割り込むこともあり得ます（後略）」

簡単にいえば、配当もなければ、元本そのものも減っていく可能性を強調している。

たとえば、未来バンクが１億円の出資金を集めて、そのすべてをいくつかの事業に貸し出したとする。未来バンクの金利は年３％だから、１年たつと、貸した１億円は１億３００万円になって戻ってくる計算になる。本来バンクは、この金利で増えた３００万円から必要経費を差し引いたお金を組合員に配当することもできる。だが、貸付先のいくつかが貸したお金を返せなくなる（貸し倒れ）ことも当然ありえる話だ。

たとえば、ある事業が５００万円を、ある事業が３００万円を返せなくなったとすると、貸した１億円は、１年後には１億３００万円どころか９５００万円以下になってしまう。つまり出資金そのものが減ってしまうのだ。

そんなことが１件だけでなく、２件、３件と続いたらどうなるのか？

未来バンク旗あげの前後、それを考えるあまり、オレは家を売って破産に追い込まれるのではないかと、田中さんは夜も眠れないほどのノイローゼに襲われた。田中さん自身がこうだったから、ＮＰＯの世界でも「何を酔狂なことを」と未来バンクを冷ややかな目で見る人も少なくなかった。

実際、立ち上げ当初に集まった資金は、田中さんら未来バンクの理事3人が出資した３００万円と、一般市民17人が出資した１００万円の計４００万円にすぎなかった。だが、旗あげから3カ月たち、50人から計１２００万円の出資が寄せられたころに第1号融資希望が現われた。ソーラー発電、風力発電、バイオガスなど、自然エネルギー商品を扱う事業者の組合「レクスタ」を通じ、ソーラーパネル設置のための融資を申し込んできたのだ。レクスタ専務理事の桜井薫さんは、未来バンクと結びついた理由をこう語った。

「趣旨です、趣旨！　自分たちの預けた金を、自分たちで環境事業に融資するという方針はじつに明快でした」

強い意志のある人に貸せば間違いない

以後は順調だった。宣伝らしい宣伝をほとんどしないのに、活動は口コミ中心に伝わり、熱帯林破壊を招いている商業伐採で輸入された熱帯材を使わない家屋の建設、NPO事業、フェアトレード支援、ソーラーパネル設置、精神障害者の自立スペースづくりなど次々と融資先が現われている。

その一人に、前出（38ページ）の望月さんがいる。望月さんが新たに必要になった200万円の工面を考えていたとき、スタッフの一人が「未来バンク」のパンフレットをもってきた。お金を預けても配当がない。だが、「環境的な事業」を重視して融資をするとの活動に「これだ！」と望月さんは手応えを感じた。

融資の申し込みと同時に、望月さんは融資審査のため東京に出向き、田中さんら未来バンクのメンバー三人の面接を受けた。望月さんが意外に思ったのは、面接での質問が、ほかの金融機関のようにお金に関しての質問——返済計画、資金繰りなど——に偏るのではなく、パン屋をはじめるまでの経緯や、過去に受けた融資をどういう思いで返済したかなど望月さんの**生き様に迫るもの**に集中したことだった。連帯保証人は必要だったが、担保が不要という説明にも驚いた。

はたして、望月さんは200万円の融資を受けることができたのだが、その理由を田中さんはこう語る。

「採算性の有無も見逃せない要件です。加えて望月さんの場合は、熱意です。この人なら、何があっても絶対に返済するという**強い意志**を感じたんです。それが決め手でした」

銀行でできないこと、未来バンクでできること

未来バンクの理事の一人Aさんは、元大手都市銀行マン。未来バンクに参加しはじめたころは、融資の条件が担保なしで、いや、「人への信用」こそが担保であることに目が見開かれたという。

Aさんは、もともと環境問題に関心があり、銀行員時代に、その解決のため銀行がいかなる寄与をできるかをいつも考え勉強していた。たとえば、ドイツで１９８８年に発足した「エコバンク」にも関心をもっていた（エコバンクとは、環境や教育、平和目的に融資を限り、初年度から貯金者２万人から４０００万マルク〈約30億円〉を集めるなど広い賛同を得た銀行である。ただし、２００１年に活動停止）。

ある年、Aさんは、郵政省の国際ボランティア貯金ができる前に、それと同じシステム、すなわち、顧客の貯金利子の数十%を環境にやさしい事業やNPOに寄付するようなシ

ステムを考えつき、行内でその発案をした。

「でも、ボツになりました。『なぜ当行が環境をやるのか』と。残念でしたね。どうやって思いが実現できるのかと考えていたところで、『どうして郵貯がいけないの』に出会い、すぐに田中さんに連絡をとったんです」

人を信用するバンクを！

Aさんは、大手都市銀行での仕事を次のように振り返る。

「銀行は、お客様からの『ありがとう』で本当に報われる、やりがいある仕事です。ただ一方で、その優越的な地位を利用した収益第一主義で、バブル期には必要のない金を貸したり、いまでも顧客の望んでいないデリバティブ商品を売り込むといった側面はあります。その運用商品を購入することで顧客の金が何に使われるかには焦点を当てていません」

未来バンクがおこなうような市民事業への融資はまったくなかった。

「未来バンクでは『つなぎ融資』の案件が多いですね。たとえば、ある市民団体が行政からの委託を受け、河川調査などの環境保全事業をおこなうとします。その場合、その助成金が行政から下りるのは、お金の必要な事業前ではなく、事業が終わって数カ月もたった年度末です。でも銀行は、そういう確実な金が入ってくる場合も、市民団体がその金をほかの事業に運用する可能性を考え、確かな担保なしには融資しません。でも、未来バンクは融資します。未来バンクがほかの金融機関と違うのは、資金繰り表など書類提出や連帯保証人確保など返済を確実にする条件を作るのは当然ですが、必ずメンバー複数名で融資を受けたい人と会い、その過去の活動実績も吟味して**『この人なら必ず返済してくれる』**と、その人を信用できるか否かを融資決定への重要基準にしているんです」

銀行をやめて、融資が楽しくなった

その信用を得た一人である望月さんは、はたして、借りた200万円を毎月2万1150円で9年がかりで返済する予定だったが、事業が順調に進み、なんと1年半で返済完了した。

望月さんは、未来バンクからの融資をこう振り返る。

「未来バンクは、私を私という一人の人間として見てくれた唯一の金融機関でした。ほかの金融機関もパンの関連業者も、この山のなかという土地条件、来客者数、商品の売上といった『数字』でしか私の事業を判断してくれません」

望月さんだけではなく、未来バンクでは、融資を希望する個人・団体とは面接をおこなうことを原則としている。そして、未来バンク発足以来の11年間、数百人の人々に会っているのだが、「すべて魅力的な人たちです」とAさんは語る。

いまでは、**融資が楽しくて仕方がない**という。

この12年間で、未来バンクは200件以上の融資を実行し、その融資総額は6億円を超えた。

貸し倒れ数はわずかに1件である。

新しいお金の流れを作ること

市民が作る市民のバンク。未来バンクの登場はNPO界では衝撃だった。

なぜなら、金融機関は、巨大資本がなくとも、自分たち市民で作れるということが実証されたからである。そのお金は、出資者・NPOバンク・融資先の三者の間を持続的に循環する。

だから、戦争や環境破壊などにムダに使われることはないし、なによりもお金がどう流れたかが手にとるようにわかる。

さて、未来バンクの発足は１９９４年だが、この５年後の１９９９年頃から、お金に関してのもう一つの新たな流れが全国的に広がった。地域通貨である。

「地域通貨」というお金の流れ

１９９９年、ＮＨＫ衛星放送で放映された「エンデの遺言」は、目からウロコの番組だった。それまで国だけが流通の権限をもつと思われていたお金が、じつは「自分たちで作れて自分たちで流通できる」ということを多くの人が知るきっかけになったからだ。

番組は、世界各地で使われている、利子のない地域限定のお金「地域通貨」を特集したもの。たとえば、アメリカのイサカ市では、１９９１年にＮＰＯが「イサカアワー」という紙幣を作る。パンや陶器の販売、有機農の支援、楽器の勉強、ごみ処理など、「自分のできること」「してほしいこと」のサービス登録をした数千人の会員同士が自由な価格設定で取引きするイサカアワーは、２億円以上の経済効果をあげてきた。

何よりも、番組では、地域通貨が人間関係を豊かにする様が描かれていた。イサカアワーの代表者はこう発言した――「私たちのドルは熱帯林を伐採し、戦争を起こしています。イサカアワーはその反対にこの**地域にとどまり私たちを助ける**のです」

見えなかった生活のニーズが見えてくる

この番組を見た人のなかに、鶏のエサや堆肥の原料をすべて地元から調達し、地域循環農業を目指していた男性がいた。だが、苦心して作った農作物でも、結局、その取引に使われるお金だけは地域に留まらないこと、すなわち、戦争や環境破壊などに使われることを知り強いジレンマのなかで生活していたが、エンデの遺言を目にした途端、「この手があった！」と地域通貨を立ち上げた。

地域通貨には実際の紙幣のように印刷するものもあるが、日本では、モノやサービスの売買を、プラスとマイナスのポイント値で記入するだけのものが多い。つまりノートさえあれば今日からはじめられる。

いま現在、日本には**200前後の地域通貨**があるといわれる。

地域通貨での取引では、それまでの円では払いようのなかった、現代ゆえの、そして、その地域ゆえの**細かなニーズ**が山と出てくる。

たとえば、痴呆気味の夫の話し相手、店から町までの車での送り迎え、子守り、家事手伝いなど……。地域通貨をはじめると、思いもよらぬニーズに驚く。

上記の男性は、日本円なら、1日1人に1~2万円も払わねばならないビニールハウスの建設を地域通貨で依頼した。円ではとてもではないが払える余裕がないからだ。男性の地域通貨の通帳にマイナス2500（2500円相当）との数字が記入される。建設してくれた人の通帳にはプラス2500だ。そして、男性は野菜や園芸用の鶏糞をプラス100やプラス200で誰かに買ってもらう。疲れた体をマッサージして欲しければマイナス1000で誰かが名乗り出てくれる。そういうモノやサービスのやりとりが地域の仲間の間だけで地域通貨を軸に循環する。

なかには、夫婦ゲンカの仲裁に地域通貨が使われた例もある。それだけの人間関係が熟成されていた証明だ。

中央（官庁役人）中心のお金から、地域主導のお金の使い方へ

地域通貨はお金というハードな道具を市民の手に取り戻すひとつの方法だ。

ただ、日本では、地域通貨はコミュニティーの絆を強める「仲間通貨」としては十分

に機能しているが、イサカ市のように地域の経済循環にまで寄与しているものはまだあまり現れていない。それは地域通貨に力がないということではなく、その地域の経済を熟成させるには、ゆっくりゆっくりと時間をかけるしかないからだ。

ＮＰＯバンクも地域通貨も、その共通点は「金融は市民でも作れる」ということだ。どちらも、その多くが地域限定でおこなわれているから、お金の使途がはっきりとわかる。

その対極にあるのが郵便貯金だろう。どんな僻地の郵便局でも、高齢者の年金などで数億円規模の残高があるからだ。だが、そのお金は**地域では使われない**。全国２万４０００局の郵便局の貯金はすべて東京一カ所に集められ、財政投融資への融資や国債購入などに使われる。

もし、それぞれの地方で郵便貯金を独自に運用できるシステムがあれば、どれだけの社会貢献ができることだろう。２００５年10月に国会で「郵政民営化法案」が可決されたが、誰も郵便貯金の地方単位での運用を口にしていなかった。そこが何とも残念である。

3章のまとめ

・未来バンクは、融資先を「環境事業」「福祉」「市民事業」の三つに絞ったことで、お金がムダに使われることなく、私たちの生活に役立つように努めている。
・未来バンクの融資に担保は不要。しかし、担保がないことでほかの金融機関から借りられなかった人も借りられる。
・「信用」できるかどうかで融資するから、貸し倒れ数はわずかに1件。たがいの「信用」に勝るものはない。

求するとはなにごとぞ」

身近な金融の誕生

神父は、その正義感からあきらめなかった。

「営利目的でも慈善事業でもありません。たがいに助け助けられるという『相互扶助』が目的なのです」

と、半年間におよび、信者と勉強し、説得を試み、ようやく活動にこぎつけた。その最初の貸付はわずかに1万円。日本の共助組合運動はここからはじまったのである。

以後、京都市、一宮市、弘前市など各地で、外国人神父が独自に「共助組合」を設立する。東京都杉並区でも、そして、1968年、各地で独自に活動していた各組合が、「日本共助組合連合会」を組織して運動が一本化された（1990年に現在の「日本共助組合」に再組織化）。

以後、増減を繰り返し、支部は全国で22を数え、その出資金総額は10億円を超えた。

日本共助組合でユニークなのは、その融資目的が、ほかのＮＰＯバンクとは違って「大雑把には**ギャンブル以外ならなんでもOK**」ということだ。たとえば、入学時の子どもの学資、結婚時の車や家財道具購入、冠婚葬祭

column

NPOバンクの元祖！
生活のすべてを支援する
「日本共助組合」

未来バンク設立前に少数だが、「誰のために」「何のために」融資するのかが**透明化されている組織**があった。その最古参が1960年にはじまった「日本共助組合」だ。

同組合は、個人の生活資金への融資が多く、貸付金の使途は「ギャンブル以外ならなんでもＯＫ」である。

本来の銀行の役割は「相互扶助」

もう40年も前の長崎県佐世保市。俵町カトリック教会のガイヤ=イエーク神父は、信者の多くが貧しく、高利貸しに追われる実態に気を病んでいた。「それなのに銀行は貧しい人に対して何もしようとしない」と憤り、共助組合の導入を考えた。

「共助組合」とは、教会なり労働組合なり各種団体なり、共通の基盤(「コモンボンド」)をもつ者同士、つまり、日常のつき合いがあり気心の知れた仲間で組合を作り、出資し、組合員にのみ低利で融資をおこない、運営も組合員がおこなうという、**金融の相互扶助システム**だ。当時でも、諸外国では数千万人もの組合員をもつほど一般社会に根づいていた運動だった。

だが神父がこの導入を提案すると、お金に苦しんでいるはずの信者から思わぬ反発があった――「神聖な教会で金を扱うべきではない。営利を追

「私たちの長年の夢は、とにかく、カトリック教会以外でコモンボンドができることです。カトリックの世界にだけ閉じ込めてはこの運動は広がりません。そのための啓蒙活動はこれからもどんどんやっていきたいです。ノウハウも惜しむことなく提供したいと思っています」

日本共助組合

〒108-0077

東京都港区高輪4－8－33　ハイネス高輪401

☎03－3449－4154

e-mail：kyoujo@nifty.ne.jp

HP：http://homepage2.nifty.com/jcu/

融資までの流れ

・個人では参加できない。コモンボンド（75ページ参照）に属していること。そのうちの複数人が発起人になり、本部に認められれば支部として活動開始できる。

・出資金は、支部により異なるが、１口1000円以上１万円以下で何口でもいい。

・出資した組合員のみ融資が受けられる。

・融資の可否は貸付委員会が決定する。利子は、支部により異なるが、上限年５％台。だが、年間決算で剰余金が出た場合は配当金として払い戻しを受けるので（出資額に応じる）、差し引きで実質３％台になるという。

・毎年３月決済。２カ月以内に総会を開く。余剰金を配当金として配分する。

・出資も運営も借り入れもすべてが組合員がおこなう。

費用など生活に関わることならなんでもいい。ある意味、ＮＰＯバンクより、より身近な市民金融といえる。

融資の一例を紹介しよう――「友だちが大学の二部から一部に転部のため、お金が必要になり困っていました。そこで私が組合に出資して50万円借りて、毎月2万円返しました。利息も安く、友達はバイトしながら大学に行き、返してくれました。あの時は本当に助かりました」

「信用」を担保に、焦げつきは、なんと過去4件だけ

2005年８月末現在で、日本共助組合は全国に22支部、3150人の組合員を擁する。そして、やはり無担保なのに、焦げつきは過去40年以上の活動でわずかに4件300万円だけ。事務局長の目良純さんはその理由をこう語った。

「私たちの金融活動において、一番大事にするのは『信用』です。これ以上に大きな担保はないと思います」

そして日本共助組合の特色は、お金を貸すだけではなく、たとえば消費者金融などからの多重債務に陥った組合員の相談にも応じることだ。もちろん、多額の借金の肩代わりはできないが、多重債務者には、裁判所での特定調停で低利での長期分割払いが可能になる方法を紹介したり、自己破産して生活をやり直すという方法もある。

「お金を貸すのも、相談に乗るのも、人として健全な生活を送ってもらう手段です。途上国と比べたら、日本には貧困がないとよくいわれるでしょ。でも、私たちはそう思い込まされているだけで、じつはお金で苦労させられる環境にいるんです。そういうなかで普通の生活を守るには、私たちのような取り組みがあちこちにあっていいと思っています」

だが、課題もある。

4 あなたの貯金でできること〜NPOバンクガイド

未来バンクができたのが1994年。そして、それ以降、それまではありえないとされていた銀行や証券会社の倒産が次々と起こるようになる。

同時にそれは、設立当初は異端扱いされていた未来バンクに続き、同様のNPOバンクが全国あちこちで作られていく時期でもある。

現在、日本には未来バンクを含め、9つのNPOバンクが設立されている。そのうちの6つが融資活動を実践した（2006年4月現在）。

それぞれのNPOバンクの設立経緯と、NPOバンクから融資を受けた団体・個人のその後を知ることで、あなたのお金がどのように活きるのかを実感していただきたい。

各地で立ち上がったNPO（非営利）バンク

団体名	設立時期(年・月)	拠点	融資条件	特色
未来バンク事業組合	1994・7	東京都	1万円以上の出資者で組合員になり、原則、出資額の10倍までの融資を受けられる。年利3%。	2005年11月時点で、融資件数200件以上、総出資額約1億6000万円。総融資額約6億円。焦げつき1件。
女性・市民信用組合設立準備会	1998・8	神奈川県	一口10万円以上の出資金で組合員に。組合員だけが、上限1000万円、金利2%台で融資を受けられる。	女性のワーコレには銀行が融資しないことから設立。2005年10月時点で79件、融資実績3億円強。焦げつきゼロ。
北海道NPOバンク	2002・10	北海道	1万円以上の出資で組合員になり、金利2%、上限200万円、最長1年返済。	2005年6月末で56件、融資実績1億円弱。
ap bank	2003・6	東京都	金利1%。昨年第1回融資を13件に実行。融資案件を応募してもらい審査する。	ミュージシャンの坂本龍一、櫻井和寿、小林武史の共同出資。2005年6月末時点で18件、6400万円の融資実績
東京コミュニティ・パワーバンク	2003・9	東京都	一口5万円の出資。融資は上限1000万円で出資額の10倍まで。	2005年11月末で5件、1920万円を融資。
NPO法人NPO夢バンク	2003・11	長野県	1万円以上の出資。年利2〜3%。最長3年。融資上限300万円。	2005年末時点で、14件、3770万円の融資実績。
新潟コミュニティ・バンク	2005・7	新潟県	1口1万円以上。年利3%（返済最長3年。上限100万円）と5%（同1年。上限30万円）	2006年度から融資活動を開始
コミュニティ・ユース・バンク momo	2005・10	愛知県	1口1万円以上の出資者が、金利1〜5%、最長1年、上限200万円か出資額の10倍までで融資を受けられる。	2006年度から融資を開始
いわてコミュニティ・バンク	2006・3（予定）	岩手県	1万円以上の出資者が、金利2%、上限200万円で融資を受けられる	2006年度から融資を開始

知る機会の少ないＮＰＯバンクを紹介！

ＮＰＯバンクを知る機会はあまりないと思う。

ＮＰＯバンクはメディアに取り上げられることが少ない。

これには二つの理由がある。ひとつは、ＮＰＯバンクの活動自体が地味であることから、よほど長期間に渡り取材しない限りは、絵になる映像やドラマのある文章ができないからだ。だから、テレビや雑誌は取り上げたがらない。

もう一つは、ＮＰＯバンク自身が口コミで活動が広がることで十分とし、積極的な広報をしていないからである。実際、ほとんど全員がボランティアとして関わっているから、口コミ活動がちょうどいいペースなのは事実なのだ。

そう、本書はメディアが伝えてこなかったＮＰＯバンクの貴重なガイドである。

そして、ＮＰＯバンクに出資をした多くの人々の「想い」についてもみてみよう。

NPOバンクガイド1

「女性・市民信用組合設立準備会（WCC）」

●女性の負担を軽くするために

もしあなたが、神奈川県内に住んでいるとしたら、毎日の生活はかなりラクになるだろう。

たとえば、専業主婦の子どもでも一時保育してもらえる。

あなたが病気になっても保育士が自宅で子どもを見てくれる。

また、高齢や認知症の親がいるのなら、細かなニーズに応えてくれる良質のグループホームやケア付き住宅を利用することができる。はたまた、進学に必要なお金を低利で融資してもらえる。質の良いリサイクルショップで買い物を楽しむこともできる。

確実に豊かになった自分たちの生活

これらを可能にしたのは、多くの市民が、それまでの郵便貯金や銀行貯金の一部をN

POバンク「女性・市民信用組合設立準備会」に預け替えたからである。

1口10万円を出資したら、そのお金は**100％確実に市民事業のために**、しかも何度でも**神奈川県内で使われていく**。

自分のお金を、自分が暮らす地域で循環させることができる。


ワーコレ運動にも長年関わってきた、元神奈川県議の向田映子さんは銀行のあり方に対して二つの疑問をぬぐえないでいた。

一つは、女性たちが、リサイクルショップや高齢者への配食・介護など社会的に意義のある事業をはじめようと思っても、金融機関が「実績がない」「女性では」との理由で融資しないこと。

もう一つは、90年代後半は、第一勧業銀行（現・みずほ銀行）と総会屋との繋がりなどの金融不祥事が明るみに出た時期で、そういう金融機関にお金を預けたままにしていていいのだろうかということである。

だが、この二つの疑問にぶつかっても、では、どこの金融機関に貯金したらいいのかを考えたとき、出された答えは——「どこにもなかった」。

「だったら自分たちで作ろう」と、向田さんを中心にワーコレ関係者などが1996年から準備をはじめ、おもに女性による市民事業を応援するため、1998年にできたのがNPOバンク「女性・市民信用組合設立準備会」[*]（WCC）だ。出資した組合員にのみ融資をおこなう資金業者である。

＊信用組合とは？

WCCの名称からわかるように向田さんたちは信用組合設立を目指している。

信用組合とは、組合員制の非営利法人で、地域の小規模事業者（資本金1億円以下または従業員300人以下）、居住者、勤労者の組合員を対象とした預金と貸し出しをおこなう金融機関だ（信用金庫もほぼ同じ性格をもつ）。信用組合にするメリットは、預金を扱えるので、出資者の元本や利息を保証でき、より多くの資金調達と融資を可能にすることである。また、いつでも貯金の出し入れができる利便性があるだけに、実現すれば、少なからぬ人が既存の金融機関からの預け替えをすると予測される。だが、WCCはまだ金融庁からの認可を得ていない。信用組合ができるまでは貸金業者で活動を続けていきたいと向田さんは語る。

ちなみに、「どこに貯金しようか」を考えたとき、労働金庫と並んで、地域密着型の信用組合や信用金庫への預け替えも選択肢の一つである。だが、未来バンクの田中さんが主張したように、過去に経営破綻した信用組合もあるから、その業績や実態はよく調べてからにしてみたい。

たとえば月刊「金融ビジネス」2005年Autumn号には、全国298の信用金庫の格付が紹介されているが、それによると、3分の1にあたる104もの信用金庫が適切な水準以下の評価を受けている。バブル開始時には信用金庫は約460もあったのだから、多くが、合併、統合、営業譲渡、解散をしたことになる。

1998年8月、WCCは、一般市民に向けて1口10万円の出資金を呼びかけ活動を開始した。すると、多くの人がこれに応じた。

その一人、高岡まさみさんは元銀行員。

銀行業務はとても忙しく、マニュアルに従ってお金を右から左に流す毎日に身を置いていたら、お金の行く先について大きな疑問をもつ余裕はほとんどなかった。だが、商店街の小さな店を活性させるための融資がおこなわれないことに、**「銀行の地域での存在意義は何?」**と問いただす瞬間は幾度とあった。

そして目にした「配当金がない」けれど「誰かの役に立つ」出資を募るニュース。

高岡さんは即座に「面白い!」と思い10万円の出資を決めた。

融資があなたの生活をどんどん良くしていく

WCCの融資第一号は「さくらんぼ」(35ページ参照)である。

私募債の借り換えを考えていたさくらんぼは、350万円の融資をWCCに申し込み、3カ月後に融資が決まった。

向田さんは、「ほら、やっぱり借りてくれるでしょ!」と、仲間で喜びを分かち合っ

WCCの融資実績と、大手銀行の融資実績

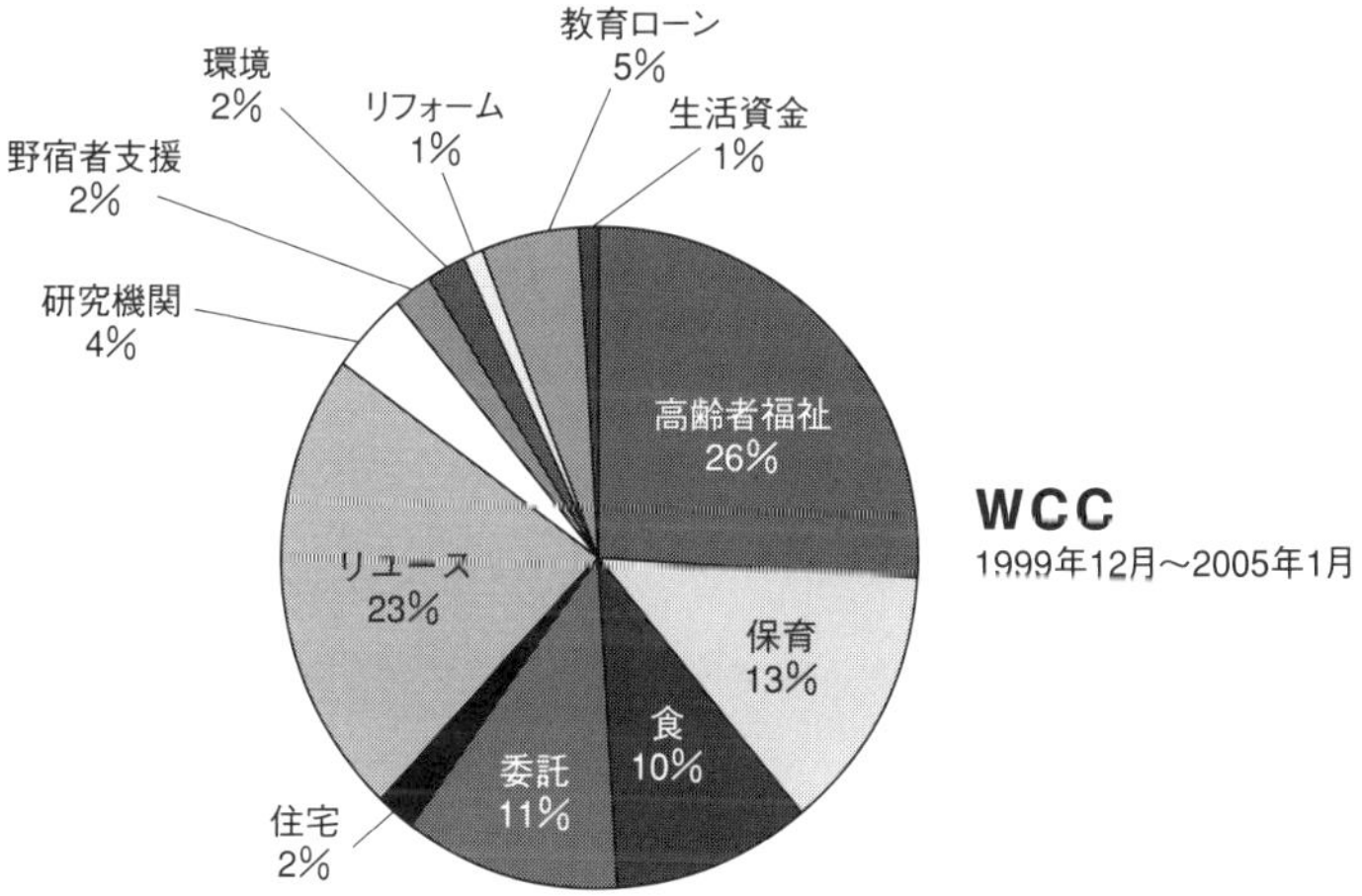

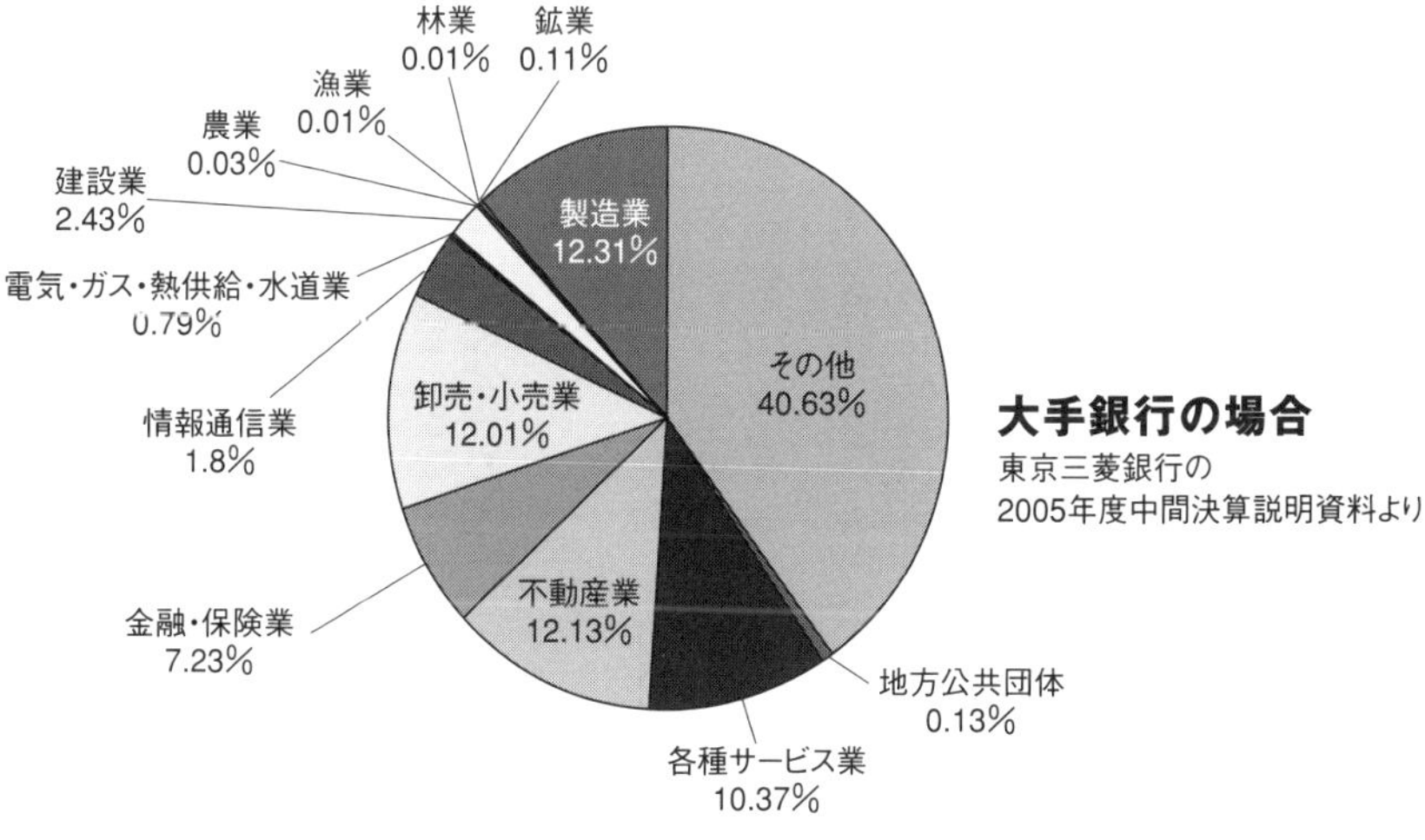

大手銀行の場合、第1次産業にはほとんど融資されていない。
また、福祉や市民事業にどれだけ使われたかは、このグラフからは見えてこない。

た。ＷＣＣ設立までの間、向田さんは信用金庫やＮＰＯバンク設立について、銀行、県庁、大蔵省から意見を求めていたが、どこも「とんでもない！」と驚き、「本当に借りる人っているんですか？」とあきれられていた経緯があった。

ＷＣＣの審査は、書類審査や面接で採算性と継続性を重視するのは当然として、決め手は「人」だ。「やる気」と「覚悟」があるか。さまざまな問題に対処する「工夫」を生み出す体制があるかを審査して、さくらんぼは間違いないと判断したのだ。

はたして、さくらんぼは5年での予定を繰り上げ4年で返済。

さくらんぼには、実現したいことはまだいくつもある。幼稚園帰りの子どもを夕方に預かれないか、0歳から6歳までの一貫保育、病気になった子ども宅への派遣保育……。実際、派遣保育は2005年から実施され、その事業費の200万円もＷＣＣから融資を受けている。

さくらんぼにはじまり、ＷＣＣはこの7年間で、福祉施設へのエレベーター設置、高齢者への介護や移動、ホームレスへの生活支援、化学物質過敏症の人のための療養施設の土地購入代、教育ローンなど70件以上の融資を実施した。その多くが女性事業への融資であり、**焦げ付きはゼロ**。

街を歩いていてうれしくなる瞬間

そしていまだに配当はないが、高岡さんは、街を歩いていてうれしくなる**瞬間**があるという。

「たとえば、街を歩いていて、WCCの融資で立ち上がったワーコレの看板とかを見ると、**『私の10万円がここで役に立っている！』**と実感できるんです。ワーコレの人たちは借りたお金を確実に返しますね。それがまた新たな融資に使われる。私は自分のお金がこの8年間、神奈川県内で確実に循環しているのを感じるんですよ」

実感できるだけではない。ときと場所しだいでは、ワーコレの施設やサービスを利用できる。たとえば、さくらんぼと同等のサービスを行政が実現するには膨大な時間がかかるが、時代のニーズに迅速に対応するさくらんぼの保育サービスを、その地域に住む人たちなら受けることができるのだ。

あなたのすぐ近くに、使える施設やサービスがあるはず。1口10万円の出資なら安すぎる社会投資ではないだろうか。

NPOバンクリスト❶

女性・市民信用組合設立準備会（WCC）

〒231-0006

神奈川県横浜市中区南仲通4-40 小島ビル3階

☎045-651-2606

HP：http://www.wccsj.com/

e-mail：wccsj@bank.email.ne.jp

融資を受けるには、出資するには

・個人は１口10万円。１口以上出資すれば組合員になれる。分割10回払いも可（1年以内で）。団体は3口以上。

・融資を受けられるのは神奈川県内の居住者、小規模事業者、ワーコレ事業者などに限る。

・融資額は上限1000万円。金利は2％台。最長5年で返済。

・窓口面談。その後、6人の融資審査委員会で審査。

・連帯保証人要、担保不要。

NPOバンクガイド2

「北海道NPOバンク」

●地域のためのNPOを応援する！

今後、NPO活動を応援する人はますます増えるだろう。自分の住んでいる地域のために役立つ活動をしてくれるのは、国や企業ではなく地域の非営利団体だと気づきはじめているからだ。

NPO活動を応援しているのは郵政公社の国際ボランティア貯金が有名だが、資金を受けられるのは国際的な活動をするNPOに限られる。私たちの足元で、地域のために奮闘している小さなNPOはつい見すごされがちなのだ。

日本に数万もあるといわれる地域に密着するNPO。

その多くが、障害者や高齢者の問題に積極的に取り組みながらお金に困っている。

それらNPOを効果的に支援するために北海道に生まれたのが、「北海道NPOバンク」だ。

銀行には頼れない！

２００２年10月、北海道では３４４のＮＰＯ法人が活動していた。この数は全都道府県で４番目。ところが実情は、年間経費１００万円未満で細々と活動するところが多く、事業を広げようと思っても、まず銀行が貸さない。

たとえば、あるＮＰＯは、「資金繰りでさまざまなところを回ったが、融資は得られず、職員の給料が１カ月ストップした」と資金繰りの経済的、精神的な苦しさを打ち明けている。

ところが、北海道の調査によると、ＮＰＯが北海道内の総生産額に占める割合は２・４％にもなる。この事実に、北星学園大学社会福祉学部教授の杉岡直人さんらはこう考えた――「ＮＰＯが経済的な支援さえ受けられれば、より広い社会貢献が可能になる。銀行に頼れないなら自分たちで新しい金の流れを作るしかない」

そして、杉岡さんやＮＰＯ活動家が動き出し、２００２年10月、未来バンクの手法をほぼ模倣し、北海道内のＮＰＯに融資を限定した「北海道ＮＰＯバンク」が設立されたのだ。

納得できる生活のために

札幌市内に住む高田さん（仮名）は、常々**「納得できる生活」**を意識して生活している。電気使用にしても、自然エネルギー志向で、極力ムダを省き、毎月2000円台の使用を実現している。買い物にしても、安くても必要のないものは買わない。ただ、貯金という行為に関しては、預けた後で何に使われるかわからない銀行や郵便局に貯金せざるをえなかった。**納得できる貯金**ができないことにジレンマを感じるときがあった。

そして、高田さんは北海道NPOバンクの設立を知る。「元金保証なし」「配当金もなし」。だが、その事業内容に「これなら納得できる！」と感じ、高田さんは、夫と話し合い100万円の出資を決めた。

はたして、**このお金は活きたのだ**。

あらゆる金融機関から融資を断られた「自立生活センターさっぽろ」（42ページ参照）は、立ち上がったばかりの「北海道NPOバンク」にも融資を申し込んでいた。

そして、事業そのものの社会的価値を評価された。国のお金がいずれ入ってくるという収益性以上に、「事業内容の社会性が高い」「支援費制度を的確に活用する活動。先行き有望な法人と思われる」などなど……。

さらに審査委員が実際に「さっぽろ」の事務所を訪ね、当時、「さっぽろ」の理事7人のうち6人が障害者で構成されている事実を目の当たりにして「障害者が当事者の立場で障害者の問題を理解し、活動に打ち込んでいる」と評価し、上限いっぱいの200万円の融資を決定。間一髪。「さっぽろ」はこれで危機を乗り切ったのだ。

応援したいから出資する満足感

現在、ずいぶんと多くの融資が「北海道NPOバンク」でおこなわれている。「高齢者や障害者へのデイサービス、訪問看護、バリアフリー賃貸住宅などを1カ所でおこなうための家屋建設」、「高齢者や障害者にパソコンを教えることで社会との接点を作る活動」、「精神障害回復者の社会参加促進を図る共同作業所への運転資金」、「SOHOを推進するNPOへの事業資金」などなど……。「北海道NPOバンク」は、61件の融資を実施し、融資総額は9927万円を記録した2005年11月現在。焦げつきはゼロ。

「北海道NPOバンク」も出資者への配当は出ない。だが、出資者の高田さんはNPO

バンクの融資結果に100％満足している。

「普段は1円でも節約するタチなんですが、買い物って、**いいものなら高くても買うべき**だと思うんです。NPOバンクへの出資という買い物は、いろいろなNPOを応援できるということで心から納得できるものでした」

NPOバンクからの融資を実績にする

北海道NPOバンク理事長の杉岡さんは、バンクの活動に次のような期待をする。

「この活動で強く期待するのは、いままで金融機関から信用のなかったNPOも、NPOバンクへの**返済実績をもつこと**で、金融機関からの借り入れが可能になることなんです」

そして、いま、札幌市ではいくつもの金融機関が提携してNPOへのローン「さっぽろ元気NPOサポートローン」をはじめている。少しずつだがNPOへの対応も改善されているのかもしれない。

だが、このサポートローンに関わる金融機関は日常的に貯金を何に投資しているのだろうか。まずは、それを見極めてからこれら金融機関を応援するのも遅くはないと思う。

２００６年２月末日時点で、北海道のＮＰＯ法人の数は９８９と、２００２年10月の３４４の３倍弱にも増えた。北海道ＮＰＯバンクがＮＰＯにとってより大切な存在となる正念場が続きそうだ。

ＮＰＯバンクの魅力①　社会性を重視してくれる

NPOバンクリスト❷

北海道NPOバンク

〒060-0062
北海道札幌市中央区南二条西10丁目　クワガタビル2階
北海道NPOサポートセンター内
☎011-204-6523

HP：http://npo-hokkaido.org/bank_hp/
e-mail：npobank@npo-hokkaido.org

出資するには、融資を受けるには

・1口1円、1万口以上出資して組合員になれる。
・融資を受けられるのは組合員のうち、道内のNPO団体かワーコレ。
・融資額は、原則、出資金の20倍、上限200万円まで。1年以内での返済（もう1年延長可）。返済の金利は2%固定。
・融資審査委員は7人（バンク理事3人、外部有識者4人）で、書面審査70点、面接審査30点の配分で審査する。
・連帯保証人要、担保不要。

NPOバンクガイド3

「ap bank」

●稼いだお金を環境のために融資したい！

人気ロックバンド「Mr. Children」の櫻井和寿さん、音楽プロデューサーで、バンド「MY LITTLE LOVER」を率いる小林武史さん、そして音楽家の坂本龍一さんが設立した非営利バンク「ap bank」は環境事業に融資をおこない、ほかのNPOバンクでは実践例のない農業への融資も積極的だ。

ap bankはこれからの**世のなかをプロデュースする**可能性を秘めている。

小林さんと櫻井さんは、自分たちの稼ぐお金についていつも考えていた。

小林さんは、そのお金を、子どものためにある程度使うのはいいとしても、孫の世代にまで残すのは違うと感じていた。櫻井さんは「ap bank」のホームページのなかで「自分の懐に入れるのが心苦しいくらいの酬《むく》い（収入）を受け入れていたらバチがあたる」と、**罪悪感**を吐露している。

お金をためこむではなく、自分が生きている間にどう使うのか。

2人とも、社会還元というお金を活かす道を探っていた。

坂本龍一さんが提唱する、環境や社会を考えるAP（アーティスト・パワー）プロジェクトに参加していた小林さんと櫻井さんは、その集まりで、膨大な石油から生み出される既存の電気ではなく、発電用風車を作ってその電気を使い、風車の下でコンサートをやろうとの計画を話し合った。そこでぶつかったのは風車の建設資金だ。NGOを作って一般市民から資金を集めるか、銀行から融資を受けるかといろいろな意見があがったが、小林さんはその話にどこか違和感を覚えた。

「僕らの有名性を利用して、一般市民からお金を集めるのは違うと思ったんです」

その勉強会に講師として招かれていた未来バンクの田中優さんはこう提唱してみた。

「じゃ、未来バンクのように、自分たちでバンクを作ってみたらどうでしょう？」

小林さんはなるほどと思った。ところが出席していたほかのアーティストたちは、まさかあと笑った。櫻井さんも「自分たちが？　それはないでしょ」と思ったという。

ところが、それから2人は考えた。自分たちのお金を、恒久的に環境にいいことに活かせる道は何なのか？　数日後、2人は「風車コンサートのように一過性のイベントだけではなく、目指すのは、やはりバンクしかないな」と話し合ったという。

そして、小林さん、櫻井さん、坂本さんが拠出して２００３年、「ａｐ ｂａｎｋ」が設立される。

東京都登録の貸金業者である点は未来バンクなどと同じだが、ほかのバンクとの違いは、一般市民からの出資を財源とするのではなく、出資するのはこの3人だけ。小林さん、櫻井さんはもちろん、弁護士や税理士などのボランティアを含む審査委員が、融資を受けたい事業者の案件を審査し、審査に通れば融資するという体制をとっていることだ。

そして、その融資対象事業は「環境」に特化した。

「ａｐ ｂａｎｋ」の第1回融資には70件ほどの申し込みがあり、そのうちの15件が審査を通った。その一つに「えこふぁーむ」（48ページ）があった。

お金の流れを変えよう

「えこふぁーむ」の中村善幸さんはインターネットで「ａｐ ｂａｎｋ」のホームページ

を目にし、その内容に引き込まれた。自分たちのお金を既存の金融機関任せではなく、自分たちで運用していくという方針にひかれた。

善幸さんは、「ap bank」の求める融資目的や返済計画など9項目の必要事項を書き入れ、500万円の融資を電子メールで申し込んだ。それが第一次審査、そして第二次審査を通過すると、面談のため、「ap bank」スタッフと田中さんが鹿児島まで視察に来た。単なる豚の放牧にとどまらず、食品廃棄物の再利用も、森林の再生も、地域の再生も総合的に考えた事業に、「ap bank」は高い評価を与えた。

「えこふぁーむ」は赤字だ。だが、「ap bank」では、健全な社会建設のために必要なのは「**新しいお金の流れを作ることだ**」として融資に踏み切ったのだ。

「えこふぁーむ」のスタッフが驚いたのは、その後、櫻井さんが視察に訪れたことだ。長靴を履いた櫻井さんが豚と一緒に歩き、豚を抱く。櫻井さんはバンクの運営者として、また、出資者の一人として、自分のお金が活かされていることに喜びの顔を見せていた。

善幸さんは「借りてよかった」と振り返る。

「お金の面だけじゃない。アフターフォローがあるのがいいんです。そこは既存の銀行は絶対にやりませんね」

２００５年７月、静岡県つま恋で、小林さんや櫻井さんが中心となり「ａｐ　ｂａｎｋ　ｆｅｓ，０５」なる３日間の野外コンサートが開かれた。コンサート会場の敷地には「ａｐ　ｂａｎｋ」から融資を受けたすべての団体のブースが並び、オーガニックフードエリアでは、「えこふぁーむ」は黒豚商品を並べた。

「融資を受けたお金が、顔の見える誰かとつながるのって、いい意味でのプレッシャーになるんです。**がんばるぞと**。あと、ａｐ　ｂａｎｋのホームページに掲載されることで、日本中の人に知ってもらえるのもね（笑）。そこから私らのホームページを見てもらい、多くの見学者や研修生が来てくれる。私たちも休日がなくなりましたが、人の輪が広がることは何よりうれしいことです」（善幸さん）

小林さんはこう語った。

「僕は20年間音楽に携わっているけど、それは、音楽という共有できるもので多くの人が心から感動してくれるのがうれしいからです。ａｐ　ｂａｎｋでも同じで、水でも空気でも食べ物でも『環境』という共有できるものを通して、僕らが能動的に動くことで、融資を受ける人との間に信頼ができ、その人たちの周りでさまざまな新しい循環が起こるのはうれしいですね。

日本経済の右肩上がりの時代は終わり、何のために生きているのかと、若い子でも本当の幸せや健康、食べ物、水、空気など環境のこと、戦争や途上国での問題を考えていると思うんです。そういう時代で、みんなが自分に向いていることを選択してのめりこんでいけばいい。ap bankは、そういう人たちを応援したいですね」

ところで、「ap bank」に出資するのは3人だけと書いたが、正確には、私たちでも間接的に出資することができる。それは、「ap bank」活動のためのバンド「Bank Band」が出すCDやDVDを購入したり、コンサートを見に行ったりすることだ。その売上が「ap bank」の財源になる。

常に新しい企画を絞り出し、真剣に審査をおこなう「ap bank」の今後に注目したい。

NPOバンクの魅力② アフタフォローがある

NPOバンクリスト❸

ap bank

HP：http://www.apbank.jp/index2.html

e-mail：ap@apbank.jp（ap bankに関する問い合わせ）

bank@apbank.jp（融資に関する問い合わせ）

融資を受けるには

・融資対象は環境事業のみ。

・上記メールで、必要事項（HP参照）を送る。2回の審査に通ると融資を受けられる。

・連帯保証人要、担保不要。

・上限500万円。金利1％固定。

NPOバンクガイド4

「東京コミュニティパワーバンク」

●みんなで作る「地域を豊かにする」仕組み

意外だが、東京都内で活動する市民事業を対象に絞ったNPOバンクは「東京コミュニティパワーバンク」（以下、東京CPB）一つしかない。

「東京CPB」は、2003年9月に設立された。母体は「生活クラブ生協」だ。

設立の経緯を事務局員の奥田裕之さんが説明してくれた。

「生活クラブは、長年、リーコレ事業や女性主体の市民事業などを、ノウハウや情報を提供することで後押ししてきました。でも、それら事業の多くは金融機関からの融資を受けるのが困難でした。生活クラブでは社会問題に対しては、自分たち市民の力で解決しようとの協同組合的な活動をしてきた経験があったため、金融機関が市民事業に融資しないのであれば、自分たちでバンクを作り、お金の流れを作ろうと考えはじめたんです」

ここから、生協やワーコレ関係者によるバンク設立準備がはじまった。

「寄付」ではなく「貸す」ことの大切さ

東京都在住の木下美幸さんは、あるとき、自分の貯金が、原発などに融資されていることを知る。そして、自分がいかに「無意識に貯金をしていたか」を意識するようになった。

もっとも木下さんは貯金や出資にまったくの無頓着だったのではない。生活クラブが運営していた「草の根市民基金」には100万円ほどを積み立てていた。ここに毎月積み立てることで、その利息の何割かが草の根市民事業に寄付されるという制度である。

木下さんは、「東京CPB」の設立を知ると、その100万円をそっくり「東京CPB」への出資に回すことを決めた。

「寄付ではなく『貸す』ということです。私は『貸す』ほうが応援になると思いました。借りる側にとっては当然『返す』という気持ちが芽生えることで**はげみになります**から。CPBの融資がいいのは、私のお金が誰の役に立ち、誰が喜ぶかがわかるからなんです。そして返済後はそれがまた誰かに使われるという循環が起こることですね」

さて、木下さんのお金はどう役立ったのか。

出資して本当によかったと思える瞬間

2004年8月、「東京CPB」が第1回融資を実施した。融資先は、東京都板橋区のNPO法人「ACT板橋たすけあいワーカーズあやとり」。駅から3分の場所で、乳幼児と保護者が気軽に過ごせることや、乳幼児の一時保育への活動に必要な内装改修費用に対して200万円が融資された。

この実績から「えどがわ」（40ページ）は、「東京CPB」への融資を申し込むことを決める。「えどがわ」の運営する「ほっと館」の入居キャンセルなどのリスク管理のためだ。

そして「東京CPB」では、10人の「市民審査委員会」が、高齢者福祉の分野での新しい可能性を秘めた事業と、堅実におこなってきた資金繰りに高い評価を与えた。「えどがわ」には満額で融資が下りた。

ほっと館への融資が決まったあと、木下さんは個人的にほっと館を訪れた。1階のレストランでは入居者も地域住民も分け隔てなく食事をしながら会話を楽しんでいる。その様子を思い出すにつけ、木下さんは、出資してよかったと思った。

「1人のお金持ちがポンと融資するよりも、こうして大勢の人の共通の気持ちでお金が活かされるほうが、新しいお金の流れを作り出していくと思います」（木下さん）

「東京CPB」の活動がある日、NHKで報道されると、「出資したい」という人が増えた。「昔、資金繰りに困ったことがあったので、こういう形で支援したい」「いまの豊かな生活を少しでも社会に還元し、お金を必要とする社会的な事業に協力したい」などなど……。このことから、自分が融資を受けなくてもいい、自分のお金をどこかで何らかの形で活かしたい人は潜在的に多いのだと奥田さんは感じた。

賛同者を集めるための「ともだち融資団」

ほかのNPOバンクにはない、「東京CPB」の特色はいくつかあるが、代表的なのが「ともだち融資団」だ。

これは、4人以上の**賛同者を集めると**、相互保証の形で融資を受けられる制度。ともだち融資団として融資を受けると、金利が0・5％安くなる。また、いろいろな人を集めることで、ともだち融資団内部で多角的な意見交換も期待できるのだ。

前向きなアドバイスをしてくれる「市民審査委員会」

二つ目の特色は、「市民審査委員会」の存在だ。

「東京ＣＰＢ」の審査委員は金融経験者と市民事業経験者とで構成される10人。

借りられてよかった。「えどがわ」の毛塚さん（事務局長）は心底そう思ったというが、その理由の一つが「審査が素晴らしい」と感じたから。「東京ＣＰＢ」では、融資の審査現場に融資申請したＮＰＯやワーコレなどがいっせいに同席する。しかも、融資の申請書類を、市民審査委員会だけではなく、同席するＮＰＯ同士でも共有する。

毛塚さんは、その席で、他団体の書類を見て「運営力が弱くないだろうか？」と思ったが、審査委員会では、単純に「融資できません」と結論づけるのではなく、ここはこうした方が活動が伸びませんかとの前向きな**アドバイスを送る**のだ。

それにより審査に落ちても、前向きに活動を立て直そうという気持ちが起きてくる。

それは審査に通った毛塚さんたちも同様だ。もらったアドバイスは、ほっと館の10室を満室にするために、「お泊り会」を催しその良さを体験してもらってみてはというもの。

「そういうアドバイスで、なるほど、その視点があったかと、自分たちを分析できるようになるんです」

ＮＰＯバンクの魅力③　前向きなアドバイスがある

ＮＰＯバンクリスト❹

東京コミュニティパワーバンク

〒160-0021
東京都新宿区歌舞伎町2-19-13　ＡＳＫビル５階
☎03-3200-9270

ＨＰ：http://www.h7.dion.ne.jp/˜fund/
e-mail：community-fund@r2.dion.ne.jp

出資するには、融資を受けるには

・個人は１口5万円１口以上、団体は3口以上出資して会員になる。
・会員のうち、東京都在住者、小規模事業者、ワーコレ事業者が融資対象。
・融資額は出資額の10倍まで。上限1000万円。
・審査は面接審査と公開審査。「市民審査委員会」とよばれる3人の金融専門家や7人の市民事業経験者など10人で審査されたあと、理事会で最終決定する。
・連帯保証人要、担保不要。

NPOバンクガイド5

「未来バンク」

●直接投資によって社会をコントロールしていく未来へ

未来バンクの出資者たちは、**「自分のお金がどう有意義に使われるのか」**を確認し、自らの意思で出資先を選んでいる。もちろん、出資者は未来バンクからは配当がないという「リスク」は了承済み。それでも、出資金総額は1億6000万円にまで増えた。総融資額は7億円。

「NPOバンク」の共通点は、一般市民から出資を募り、特定の目的（環境、福祉、市民事業など）に限って融資をし、その融資実績を出資者が確認できることである。だがこうもいえる。実際に融資をおこなうのはNPOバンクであり、出資者はその運用を見守ることしかできない。

つまり、出資者は、自分が応援したいと思う事業に直接出資できるわけではない。もちろん、NPOバンクでの厳正な融資審査があるからこそ、適切な融資だけが選ばれ、融資を受けた団体や個人がその事業を軌道に乗せたことを確認することで出資者も心の満足を得ている。

ところが、未来バンクでは、いままでに数回、**特定の事業への直接融資**をよびかけた。これは出資者にすれば、途方もなく「危険な」融資であった。それでも、毎回、未来バンクのそのよびかけに多くの出資者が応じるのである。

その具体例を見ながら、どういう心意気で出資者がその融資にのぞんだのか探ってみたい。

リスクは高いが応援したい

「㈱フェアトレード」（東京都目黒区）は、途上国の最貧層にいる生産組合と契約を結び、衣類や装飾品、食品などを直接貿易して日本で販路を広げる組織だ。質の良い品揃えから、卸先も1999年の250店舗からいまでは倍に増え、契約生産団体もインドを中心に世界20カ国に広がった。売上も、2004年度は6億4000万円と好調。

だが、生産者の生活を安定させるため、「フェアトレード」は生産者団体に代金を前渡しするのだが、これが事業に支障をきたした。というのは、実際に品物が日本に届いてから、販売して利益になるのはその数カ月後だから、生産者団体との契約が増えるほどに、つまり事業の裾野が広がるほどに、資金不足が広がるという問題が生じたのだ。

２００１年、「フェアトレード」が必要としたのは２０００万円。未来バンクでは一般融資として８００万円は認めたが、まだ１２００万円足りない。そこで未来バンクは、組合員に「**特別担保提供融資**」のよびかけをおこなった。これは、その事業にならう自分の出資金の８割を担保にしてもいいという判断を個々の組合員に委ねる融資である。

つまり、事業が失敗すれば、よびかけに応じた人は出資金の８割を失うという、非常にリスクの高い融資である。

だが、このよびかけに28人の組合員が応え、その担保総額は１０６７万円に達したのだ。

はたして、「フェアトレード」はその融資を原資として、危機を乗り切った。28人の方も出資金も失わずにすんだのである。

応援したい事業をダイレクトに支援！

この「直接融資」ともいえる手法が最初に採られたのは１９９８年秋。

高岩仁監督が映画『教えられなかった戦争　沖縄編』の製作資金の融資を未来バンクに申し込んできた。未来バンクの融資上限額は原則300万円であるため、監督の希望額1000万円にははるかに足りない。この社会的にきわめて価値の高い映画を何とか完成させてあげたい。未来バンクのスタッフは考えに考えた。そして、9月上旬に発行された未来バンクの機関誌「未来バンク事業組合ニュース」17号で、田中さんが以下のよびかけをおこなった。

「300万円だけでは映画の完成に十分ではありません。しかし未来バンクとしてそれ以上に融資することは、大きなリスクのためにできません。高岩さんのこれまでの業績や今回の映画の意義からして、何とかしても映画を完成していただきたいと思います。そこで、少しでも多くの資金が集まるように、直接みなさんが出資金を担保にして、融資してもらえないかどうかを訴える方法を考えました。それは、『高岩さんの映画作成の趣旨に賛同し、積極的に自らのリスクをとって協力したい組合員が、未来バンクに出資しているお金を担保にし、その範囲で融資する』というものです。もちろん万が一の時には出資金が減ることも考えられます。

このような方法は、今後私たちが直接投票をするように、自分が伸ばしたい活動へと自己責任で投資していく機会になると思います。その遠い先には、**直接投資によって社会をコントロールする**未来が描けるように思うのです。その直接投資のはじまりとして、高岩さんの映画作りへのみなさんの出資金を担保した融資をしたいと思うのです」

反応は早かった。このよびかけに24人の組合員から５８１万円の申し出があったのだ。映画は無事完成し、その年の12月に上映された。そして、上映後、高岩監督から未来バンクにお礼のファクスが入った。

「おかげさまで映画が完成しました。伊江島（沖縄県）と東京での上映会も大成功でした。そして本年度のキネマ旬報ベストテンで、文化映画賞をいただくことになり、これもみなさまのお力をお借りできたればこそです。本当にありがとうございました。

今日、早速、上映券および、シナリオ、ビデオの売上等で入ってきたお金から送金いたしました。いまもすでに10カ所以上の上映が決まっております。一日も早く返済してみなさまに安心していただくよう努力します」

（なお、高岩監督は、２００５年春も新作『教えられなかった戦争　中国編』の製作のために未来バンクに融資を依頼し、未来バンクでは再び「特別担保提供融資」をよびか

けた。32人から約580万円の申し出が寄せられた）

フェアトレードの場合なら、1人平均40万円弱の負担。映画製作の場合なら、1人平均25万円弱の負担。ハイリスク・ハイリターンどころか、下手すれば、ノーリターンになるこの融資になぜ応じるのか？

出資者の一人、桜井さん（仮名）はこういった。

「私は**有意義な貯蓄をしたい**んです。自分の出資金を何か役立つ融資に使ってほしいのですが、未来バンクでなら、それが誰に対しどう使われたかが透明であり、さらに特別担保提供融資では、自分が応援したい事業に直接支援ができることに手応えを感じたんです」

そして、融資を受ける側も、本当に、一人一人の応援してくれる意思が伝わってくる融資であることを実感できる。そういうお金を借りた以上は、**何が何でも返そうと、いい意味での緊張感をもって仕事にのぞむ**ことができるのだ。

多くの人が意思のあるお金とのつき合いに充足感をもてたと語っている。

そして、未来バンクの総会でも、田中さんはこれからもこういった直接融資を増やしていきたいと語った。

「それがなぜ可能になるかというと『社会的責任投資』を実現したい人々が未来バンクに集まっているからだと思うんです」(田中さん)

「社会的責任投資」とは?

さて、「社会的責任投資」とは何か?

日本人の投資の意識が、現時点では「ただ儲けるため」のものだとすると、これからは「投資=社会的行動」とよべるほど、「自分が望む社会の実現への思い」をそのままお金に託す行動が主流になるに違いない。簡単に説明しよう。

社会的責任投資とは、SRIともよばれ(Socially Responsible Investment)、その企業の財務状況だけではなく、どれくらい環境対策に力を入れているか、社会的活動をおこなっているか、地域の発展を支援しているかなどの「社会的責任」を評価して、投資先企業を選択する投資手法をさす。

SRIは単に投資だけを意味するのではなく、たとえば株式投資でいえば、株主として経営陣に企業の社会的責任を問い、実行させるという働きかけの行動も意味する。

つまり、健全な社会を作るための健全な「投融資行動」であり、「モラルある貯金者」になる方法のひとつだ。

次章では、その社会的責任投資の一種ということで、より直接的な出資をおこなう「匿名組合」を紹介したい。

NPOバンクの魅力④　貸してくれる人＝応援してくれる人なので、何が何でも返そうと、いい意味での緊張感をもって事業にのぞめる。

NPOバンクリスト❺

未来バンク事業組合

〒132-0033
東京都江戸川区東小松川3-35-13-204
市民共同事務所「市民ファーム」内
☎03-3654-9188

HP：http://www.geocities.jp/mirai_bank/
e-mail：mirai_bank@yahoo.co.jp

融資を受けるには、出資するには

・1口1円、1万口以上出資すれば、組合員になれる。
・組合員になれば融資を受けられる。原則、出資金の10倍まで。半年以内に返済できるつなぎ融資なら100倍まで。地域は全国が対象。
・融資申請後、面接。その後、未来バンクの理事6人で融資の審査をする。
・連帯保証人要、担保不要。
・返済の金利は3%固定。

column

SRIファンド

SRIとは、「社会的責任投資」と訳される（116ページ参照）。

欧米では、SRIファンドが盛んだ。SRIを運用する会社は、社会倫理や環境配慮に即さない商品やサービス（兵器産業、タバコやギャンブル、原発など）を生み出す企業を投資対象から外して投資を募りる（ネガティブ・スクリーニングとよばれる）。対して、日本のSRIファンドは、社会的な貢献や環境への配慮を実践する企業を投資対象に組み入れての（ポジティブ・スクリーニング）投資のよびかけが多い。

だが、欧米と日本とでは、その実績は雲泥の差がある。SRIの歴史が長いアメリカでは、全金融機関が扱うお金の1割強に当たる2兆1750億ドル（約240兆円。2003年度）がＳＲＩだという。ヨーロッパで3500億ユーロ弱（約45.5兆円）。ところが、日本はまだ1400億円前後。

しかし、今後、この分野が日本でも伸びるのではないか。

NPOバンクガイド6

「NPO夢バンク」

●新たな公益サービスを育てる

ＮＰＯバンクの成功を知ると、「自分たちで金融ができるんだ」と目からウロコの思いを抱く人は多い。そして「自分たちも」とはじめる人もいた。

長野県にできたＮＰＯ夢バンクだ。

北海道ＮＰＯバンクがお手本だった。設立までの背景に共通点があった。

「長野も北海道と同じようにＮＰＯ法人の数は多いんです。いま、５００くらいありましょうか。そして、やはり、ＮＰＯはなかなか銀行から融資を受けられないんです。ならば市民の出資等で融資しようという気運が関係者で盛り上がったんです」（夢バンク理事長の和田清成さん）

設立のきっかけは、２００２年に県の主催で開催された「ＮＰＯと行政の懇話会」。ここでＮＰＯから出された共通の問題点は、とにかく「活動資金が足りない」「金融機関が貸してくれない」ということだった。

この事情を背景に、関係者が協議し、NPO夢バンクは、2003年12月、北海道NPOバンクのシステムを踏襲して設立された。

老人たちの生活をより豊かにするために

介護保険の導入以後、長野のNPOで注目されていた一つが宅老所の運営だ。

80歳のA子さんは、豪雪での一人暮らしを心配する息子さんの説得に折れ、長野市内の息子さんのもとに同居を決めた。ところが転居先で待っていたのは、誰も知り合いがいない寂しい生活だった。家族はみな忙しい。A子さんが願ったのはただ一つ――誰かと話をしたい。

このような高齢者が少なくないのである。

名手勝史さんは、3年前、定年退職にともない、NPO活動を通しての社会貢献に余生を捧げたいと思った。NPO立ち上げのための講習会に参加すると、出会った仲間たちと宅幼老所の運営をしようと意気投合する。そうして2004年にNPO「シルバーサポート倶楽部」(佐藤愛子会長)を設立。空き民家を借り上げ、宅幼老所開設に向け着々と準備を進めた。

だが、課題は立ち上げ資金である。高齢者を預かるデイサービスでは、介護保険を使うと国からの介護報酬が入ってくる。ところが、それは、高齢者の施設利用から2、3カ月も後になる。そのため、はじめの2、3カ月間を乗り切るためのつなぎ資金、そして、民家を高齢者用に改築するための初期投資の二つが必要になった。

だが銀行は貸してくれない。自分たちの自己資金を出し合うことも考えていたが、佐藤さんたちは、地元の報道で「夢バンク」が設立されたことを知り、その融資の趣旨を知ると早速飛びついた。


NPO夢バンクでも、面接を重視する。和田さんは、「シルバーサポート倶楽部」の審査を振り返りこう語る。

「やはり計画と事業がしっかりしていたということ。そして、何よりも、佐藤さんの『どうしてもこの事業をやりたい』という熱意が決め手でした」

倶楽部は、夢バンクから300万円の融資を受け、2004年夏に宅幼老所「楽寿の里」を開設した。もともと民家だったこともあり、その雰囲気は家庭そのものだ。いま、デイサービスにはA子さんを含め14人、ショートステイには2人が通う。テーブルを囲んで思い出話をゆったりと語り合う人がいる。

A子さんは週2回、「楽寿の里」に通っている。愛着ある故郷に近い場所で、新しく出会う人たちと話し合えるのが楽しい。

「本当にここに来てよかった。故郷の近くでこうして時間を過ごすのは何よりの喜びです」

夢バンクは、以後、2005年12月までで14件の融資を実施した。うち8件が同様の福祉系の事業だという。

NPOバンクリスト❻

NPO法人 NPO夢バンク事業組合

〒380-0824
長野県長野市南石堂1255-7　長野県NPOセンター内
☎026-269-0015

HP：http://www.npo-nagano.org/topics/bank/
e-mail：yumebank@npo-nagano.org

出資するには、融資を受けるには

・1口1円で1万口以上。
・長野県内のNPOへの融資、必要な人材の紹介、物資等の提供をおこなう総合的な支援バンクを目指す。
・融資額は上限300万円（立ち上げ資金は1000万円）。
・年利は、融資期間が1年以内で2%、2年以内2.5%、3年以内3%。
・審査は書類審査と面接審査。金融経験者4人を含む5人の審査委員会で審査。
・連帯保証人要、担保不要。

4章のまとめ

・NPOバンクは、組合員が出資したお金を、何に使うか明確にしている。
・すべてのNPOバンクには、焦げつきがほとんどない。「信用」が担保されているからだ（詳しくは6章）。
・NPOバンクには配当がないが、自分の出したお金が確実に世の役に立っていることで、満足を得る出資者は多い。
・なぜなら、地域の生活を豊かにするためや、保育、介護、福祉など、自分が困ったときに助けとなるように、お金が使われているのがわかるからだ。
・金融機関は、じつは、誰でも作れる（詳しくは6章）。

返済額を取り戻せるからだ。

ずいぶんとサラ金業者の恨みを買いそうだ。

「そりゃあもう。当時は、妻をホテルにかくまったり、夜逃げやペーパー離婚させたり……。子どもの学校にまで業者が押しかけて『オヤジどこにいる！』と恫喝する時代でしたからね。だからね、漫画の『ナニワ金融道』は現実にある話なんですよ」（横沢さん）

「お前んとこはふざけとんのか！」との電話も日常茶飯だった。

「信用生協」の活動の目玉は、多重債務の一本化をおこなう「スイッチローン」だ。サラ金各社からの債務を「信用生協」が立て替えて返済し、次に、利用者は低利（年９％台）で「信用生協」に返済するというもの（上限500万円、最長10年返済）。

「信用生協」では2004年６月１日から2005年５月31日までの１年間で、さまざまなローンに29億3743万円の貸付をおこなっているが、その7割に相当する20億460万円がスイッチローンで75人に利用された。

これを可能にしたのは、1989年。横沢さんが地元盛岡市を動かし、自治体と「信用生協」が協力して多重債務者を救う「自治体提携消費者救済資金貸付制度」というシステムを作り上げたからだ。そのシステムは、自治体が地元銀行に預託し、銀行は協調融資としてその４倍額を「信用生協」に貸し付けるというもの。はじめは、盛岡市の2000万円だけだったが、2004年度では、県内58市町村のうち54が地元銀行に12億6600万円を預託している。つまり、「信用生協」は、**多重債務者を救うために50億6400万円の原資を確保**しているのである。

さて、実際に、どんな金融被害があったのだろう。「信用生協」の相談員は20人で年間5000件の相談を受けているが、その一人がとくに印象深かった話をしてくれた。

column
苦しんでいる人のためのバンク

岩手県消費者信用生活協同組合（以下、信用生協）は、ＮＰＯバンクとは若干性格が異なるが、「市民のための」、それも「苦しんでいる人たちのための」バンクということでぜひ知っておいていただきたい。

「信用生協」は、多額・多重債務者、いわばサラ金やヤミ金などへの返済が滞っている人々を救済するための市民金融機関だ。

元来、銀行などから融資の対象とされなかった自営業や零細企業などへの融資を目的として1969年に設立された。1981年、サラ金問題が全国的な注目を集めていたころ、岩手県でもその苛酷な取り立てに**毎年40人前後が自殺**した。この状況に黙っていられなくなったのが、当時、共済事業団体から「信用生協」に出向していた横沢善夫さん（現在、理事）である。

当時、銀行が利息年数％なのに対し、サラ金業者は109.5％もの利息を消費者から吸い上げていた。ところが、低利の銀行からは借りにくく、高利のサラ金からは借りやすい。構造的に、返すために借りるという、サラ金からの借金は雪だるま式に増えていく。だが世間は「借りたやつが悪い」と思っている。しかし、横沢さんはこう思っていた。

「**金融構造の歪みが問題**なんだ、万一借り手が悪くても、人間としての生活が壊されることまで容認できない」

こうして、横沢さんは「信用生協」の活動に参加し、部下１人、弁護士１人の３人体制で多額債務問題にのぞんだ。弁護士とは活動をはじめるときに誓い合った――「闘ってでもやろう！」

その活動は裏の世界の人間たちとの闘いを意味するからだ。

「信用生協」が、多額債務者救済において弁護士を入れたのには理由がある。まず、債務者が弁護士に相談した時点から、貸金業者は取り立てができないことが法律で保証されていて、利息制限法を上回って支払われた

ると思う。

そして、横沢さんが多重者救済に関わって20年以上、ようやく東京都でも「生活サポート・生活協同組合・東京」という、第二の「信用生協」が早ければ2006年春から立ち上がろうとしている。

岩手県消費者信用生活協同組合

〒020-0874　岩手県盛岡市南大通1-8-7

☎019-653-0001

e-mail：cfc@iwate-cfc.or.jp

HP：http://www.iwate-cfc.or.jp/

盛岡市以外にも、北上市、釜石市、一関市に事務所がある。これ以外の場所には出張相談会もある。相談は無料。

出資するには、融資を受けるには？

・岩手県居住者か勤務者のみが組合員になれる。

・組合員になるには、１口2000円以上を出資。

・スイッチローンの融資を受ける場合は、融資額の１％を出資する。融資限度は500万円。最長10年での返済。連帯保証人１人が必要。400万円以上の融資には担保を取る。融資の返済金利は年９％台。

ただし、多重者救済だけが「信用生協」の事業ではない。「歯科ローン」「冠婚葬祭ローン」「教育ローン」「医療費ローン」「リフォームローン」など、生活支援に関わる貸付や、目的を問わない普通の貸付もある。いずれも、利息制限法で定められた金利の上限以下で貸し付けている。

2004年度で「信用生協」の組合員は１万4717人で出資金は10億円に達した。大切なのは、これらのお金が、スイッチローンも含め、普通の生活を営むことだけを目的に融資されていることである。

「私と同世代（20代後半）の公務員の方が、先物取引で白金《プラチナ》に90万円投資しました。失敗するたび、会社から追証を入れろ、差損金を払え、下落したからもっと払えといわれ、サラ金から借りたはいいですが、今度はそのサラ金に返済できない。そこで別のサラ金からまた借りる。同時に先物取引でも損を出して次々と請求が来る。そうなると、頭が真っ白になり、ある日気づいたら、サラ金からの借金が900万円にまで膨れていたんです。結局、500万円を家族から、残りをスイッチローンで解決しました」

借り手が悪いと感じたことはないのだろうか？

「仕事をやりはじめたころは、何でこんな無茶な借り方したんだと怒りたくなったことはあったけど、いまはそれ以上に大変だったなあと思う気持ちのほうが強いですね」

とはいえ、相談に来る人すべてがスイッチローンなどで救済されるわけではない。その対象になるのは４分の１前後だという。

「あとは、無担保で何千万円も借金したとか、どうにも返済が不可能な人。その場合には自己破産や自宅処分を勧めます。私たちの目的は何が何でも借金返済ではなく、『生活再建』なんです。消費生活アドバイザー、弁護士、税理士などが親身になって、こうすれば生活再建できるよという希望を与えて、新たな人生をはじめてもらうんです」（横沢さん）

幸せを壊す日本の銀行

いまの日本社会の金融は何をしているのだろう？

どの金融機関も、人の幸せなど考えていない。逆に、その幸せを破壊しているんです。どうしたら儲かるかが目的になっているのだ。

それなのに、「信用生協」のような組織は日本で一つだけだ。これはなぜなのだろう。

やはり、「借りるやつが悪い」という理論はいまでも根強い。私は他県の生協でこれをはじめるようずいぶん説得しているんです。一番の問題は、日本のどこにも金融に関するまともな消費者教育が存在しないことにつき

column

証券取引法改正とNPOバンク

2004年末、NPOバンクと市民型匿名組合が突然危機を迎えた。「証券取引法」の改正である。NPOバンクや匿名組合への出資が、一定の条件を満たせば「みなし有価証券」として、法律の規制を受ける可能性が示されたのだ。

有価証券とみなされると、**数百万円もかかる監査や報告書**（金融庁への有価証券届出書、目論見書、公認会計士が監査する有価証券報告書）の作成が義務づけられる。たとえば、未来バンクなら、万一の不良債権に対応するために、返済金利収入を「貸倒引当金」に充当しているが（2004年度末で約800万円）、それがたった数度の報告書作成でなくなってしまう。その後は、出資金そのものから数百万円を削り、やがてはNPOバンクの破産という道をたどる恐れがある。

だが、NPOバンクのネットワーク「全国NPOバンク連絡会」が金融庁と話し合った結果、まだ確定はしていないが、どうやら、金融庁は非営利活動であるNPOバンクを「みなし有価証券」の対象外とする方針である（2006年1月現在）。

だが、確定ではない以上、現在、出資者が400人台の未来バンクとWCCは2006年6月までは新規の組合員募集を暫定的に停止している。というのは、「みなし有価証券」とされるのは、「任意の一年間で50人以上に出資の勧誘を行い、1億円以上を集め」、かつ、2006年6月1日時点で、**「出資者が500人以上」**いたときに適用されるからだ。

本書が出版される頃、いくつかのNPOバンクでは新規組合員募集を募集していないが、それは暫定的な対策であることをご理解いただきたい。

5 あなたの夢に投資できる「匿名組合」の仕組み

自分が応援したい事業に、むずかしい知識も必要とせず、直接出資できて、しかも、高配当も期待できるお金の使い方がある。

ＮＰＯバンクに出資した人の多くは、その融資内容に満足し、配当額には期待していない。自分のお金が有意義に、世のため人のため、そして自分たちの生活を豊かにしてくれる事業に使われていることが、何よりの満足感を与えてくれる。

そして、「寄付」とは違って、借り手も何とかして返そうと真剣に事業に取り組むから、現在、ＮＰＯバンクの「焦げつき（貸したお金の回収ができないこと）」はほとんどないのである。

ただ、自分の出資金の使われ先を、ＮＰＯバンクのスタッフではなく、自分で決めたいという希望も多い。たとえば、自分は福祉分野に限って出資したいというような希望だ。

そして、その希望をかなえる方法、自分の関心がひかれた事業に直接出資する方法がある。それが「匿名組合」だ。

そして、NPOバンクとの決定的な違いは、「匿名組合」からは配当も期待できるという点だ。

夢を感じられる投資

日本にはいま、市民からの出資で建てられた発電用風車が5基稼働している。驚くのは、いずれも億単位の建設費がかかったのに、どれも地元の小さなNPOが建ててしまったことだ。それだけではない。出資した市民にも、いまの**銀行の利子よりもずっと高い分配金が支払われている**。

それを可能にしたのは「匿名組合」という仕組みだ。

それがどんな仕組みなのかを解説していこう。

「匿名組合」とは？

その効力に一番驚いているのは、仕掛け人の鈴木亨さんだ。

「匿名組合がなかったら、市民風車は一つもできていなかったかもしれません」

鈴木さんは、生活クラブ生協の自然エネルギー部会を担当していたが、１９９９年に退職。北海道札幌市にＮＰＯ法人「北海道グリーンファンド」を設立した。目標は、ずばり、市民による発電用風車の建設だ。

「太陽光発電は個人使用が多いですが、風車は事業性も社会性もあり、自然エネルギーのシンボリック的存在だからです」

とはいうものの、風車の建設には億単位の金がかかる。そして、一介のＮＰＯ法人に潤沢な金があるはずがなかった。

まずは、一般市民と事業者から、月々の電力料金の５％相当額を「グリーン電気料金」として集める運動をはじめた。ここで集まったお金を自然エネルギーを広める基金とするのが目的だ。確かにこれには関心の高い市民から申し出が相次いだが、１年間に数百万円集まっても、風車の建設費にははるかに足りなかった。

どうしようか？　そう思いあぐねていたある日、鈴木さんは、新聞の折り込みチラシで、不動産会社が1口500万円で投資を募り、それでマンションを建て、リースして、利益を投資者に分配するという広告を見た。その仕組みが「匿名組合」であった。

匿名組合は、商法第三編第四章の五三五条から五四二条までのわずか8条にしか規定されていないためか、一般にはあまり知られていない。

簡単に説明すると、株のように会社などの組織そのものへの出資ではなく、組織がおこなう**事業に対して出資**をし、事業終了後、その**損益を出資者全員で均等に分配する仕組み**をいう。

その場合、集まった資金を運用する組織（営業者とよぶ）が事業を動かすが、出資者（組合員とよぶ）は事業の展開に関していっさいの口出しはできない。つまり活動のオモテに組合員は出てこないため「匿名」という名称が使われている。

投資信託にも似ているが、投資信託は有価証券や不動産だけが投資対象だ。匿名組合にはその制限もなく、要は何にで

匿名組合のイメージ

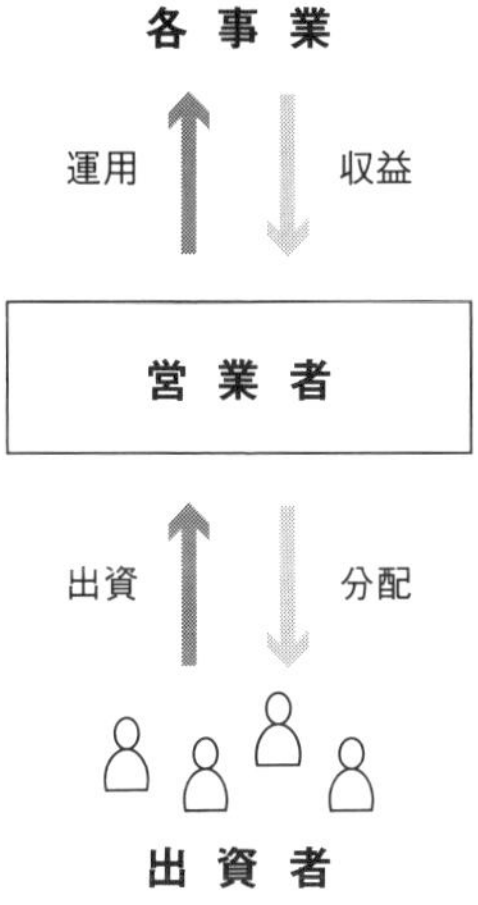

も投資できる。1口の出資額が**小額に設定できる**というメリットもある。

2001年、「北海道グリーンファンド」は、「匿名組合」を使っての出資を一般市民によびかけた。

すると、一つ目の風車、北海道浜頓別《はまとんべつ》町の「はまかぜちゃん」は、1口50万円の風車基金の募集に、最初の1カ月半で1億円以上を集め、最終的には、213人、(17法人、1団体の市民から1億6千万円を集めてしまった。

予想以上のその効力に鈴木さんは驚いた。「匿名組合」は、事業終了後に「損益を分配する」との言葉どおり、事業に失敗して損失が出た場合は、その**損も組合員で均等に負担する**。すなわち、配当が出るどころか、出資金が減額されて戻ってくるということだ。そのリスクがあっても、多くの市民が短期間の間に共通の目的に応えてくれたことへの手ごたえは大きかった。

幸い、事前の立地調査どおり浜頓別はいい風に恵まれ、「はまかぜちゃん」が運転開始されると電力会社への売電がはじまった。その利益から、2002年に2万2646円、2003年に7万5633円、2004年に4万1065円、2005年に5万15

自然エネルギー市民ファンドを通じたお金の流れ

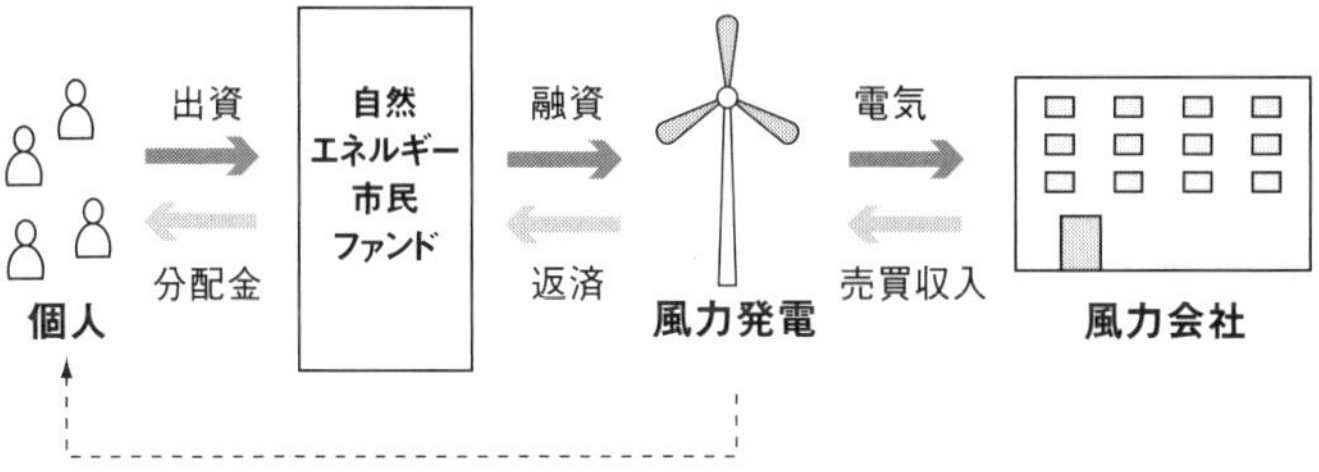

61円という出資金の返還と分配金の配当が出資者に支払われたのである（電力会社の売電契約期間の17年にわたり続けられる）。

匿名組合を使って自然エネルギー社会が実現できる？

「はまかぜちゃん」の結果に、市民風車の第2号（秋田の「天風丸」）と3号（青森の「わんず」）も続いた。

前者が1億円強を、後者が約1億8000万円を、それぞれの地元NPOが1口10万円の匿名組合で集め、稼働をはじめたのだ。

鈴木さんは新たに有限会社「自然エネルギー市民ファンド」（現・株式会社、以下「市民ファンド」）を立ち上げ、全国からの資金調達を担当した。

「天風丸」と「わんず」は、稼働から4年後（2007年）と10年後（2013年）の2回にわたり、出資金返還と分配金（目標年利1・5〜3％）の配当予定だが、幸い、どちらも良好な風に恵まれ、配当は確実。２００５年には、「市民ファンド」が出資受付窓口となった4基目「かりんぷう」と5基目「かぜるちゃん」（ともに北海道石狩市）も稼働を開始し、さらに、長野県飯田市で町中の施設にソーラーパネルを設置して売電をおこなう「おひさまプロジェクト」も「市民ファンド」が窓口となったが、どちらも締め切り前にすべてのファンドが売れてしまった。

さらに、「市民ファンド」は２００５年11月、いっきに5つの風車への資金募集をよびかけた。これも、予想より一カ月も早い２００６年1月に完売した。

いま、鈴木さんのなかに、ある確信が芽生えている。

「今後、市民事業の資金調達は、この不況下、国や財団からの助成金には期待できません。かといって、一般住民への**単なる寄付のお願いは限界がある**。事業も市民も共存できるシステムこそ必要です。私が見つけたのが匿名組合でした」（鈴木さん）

自分が望む社会が実現できるなら損してもいい？

さて、市民風車第1号の「はまかぜちゃん」に、出資者はどのような思いを込めたのだろう？　1口50万円は決して小さなお金ではない。

北海道札幌市在住の高田さん（91ページ）は新聞紙上で「はまかぜちゃん」への出資を募る記事を見て、すぐに資料を取り寄せる。自分が直接、クリーンエネルギー創出に関われることは代えられようのない魅力だった。ただ一点だけ、この前例のない事業が失敗した場合に自分が被る損失が少し気になった。

「配当に関してはまったく予想できませんでした。事業が予想以下であれば投資したお金は減額して戻ってくるわけですし……」

高田さんは夫と話し合った。そして、夫婦が出した結論は「損してもいい」だった。損をしても、風車さえ回れば、自分たちの望むクリーンな電気が生まれるのだから、それこそが一番うれしい配当であると考えたのだ。高田さんにとって、出資は応援だった。

銀行より魅力的な分配金＋応援

ただ、「匿名組合」は応援という言葉だけでは説明できない。自然エネルギー「市民ファンド」のスタッフの加藤秀生さんはこう語る。

「はじめの3つの風車に関しては間違いなく応援という『気持ち』での出資でした。でも、その3つが順調に稼働しているいま、4基目の『かりんぷう』からは、銀行利子より**お得な分配金目当て**の出資者も増えはじめていますね」

著者もその一人。私自身も、「かぜるちゃん」に1口50万円を出資した。二つの風車からは、15年間にわたり出資金の返還と分配金の配当を受けるが、その15年後は、2004年秋に生まれた私の長男が高校に入学するころだ。予想どおりなら、50万円の出資金は60万円以上になっているので、ささやかな学資資金になればと考えている。

銀行に100万円を預けても1年間に利子が数百円しかつかない時代に、この分配金はやはり魅力だ。この分配金がなかったら私は出資していたかどうかは正直わからない。

ただ「匿名組合」では損もありえる。実際、いろいろな「匿名組合」を調べるうちに、私はその実例を知った。たとえば、数年前の中国雑技団の日本公演は「匿名組合」で実現したが、集客が伸びずに48％もの損失を出した。100万円の出資なら配当どころか

52万円しか手元に戻ってこなかったことになる。こういう実例をなまじっか知ってしまうと、もし風に恵まれず50万円が半分になってしまったらと、少しだけ心配にもなる。

同社では風車ファンドの募集にあたり、その説明書にきちんと「出資金の全額返還は保証できない」と書いているのに、それをきちんと読まずに「出資したい」と「自然エネルギー市民ファンド」に電話をし、「元本保証はないですよ」との説明を聞いて出資をとりやめる人もいる。「配当が年2・4%も保証できない？　投資商品としての魅力はないな」と出資をとりやめる人もいる。

こういう、投機的に確実な儲けを狙う人を除いては、風車や「おひさまプロジェクト」に出資する人には、「おそらく分配金があるだろう」と読んでいる人、「でも、分配金がなければないでもいいや」と応援する人、もしくはその両方の思いをもつ人がいる。

未来への夢を買えた！

私自身は、損失の可能性を認識しながらも出資した。その理由を簡単にいうと次のようになる。

いくら応援したいといっても、のちのち生活が困るような、50万円をポンと寄付する支援はできない。しかし、たとえば、数万円程度の損ならそれで生活に困ることはないし、考えようによってはわずか数万円の寄付で風車建設に関われたと割りきれる。また、分配金を「お楽しみ」として期待する気持ちもある。

しかし、何よりも、この出資には損を補ってあまりある「**夢**」**を感じた**のだ。

風車の土台には出資者とその家族の**名を記した記念碑**が設置される。いつの日か、そこを訪れた私は息子と一緒に空を見上げる。そこには、北海道の大空の下、クリーンな電気を生み出そうと風車の羽が大きく回っている……。

私も原発のあり方には疑問を呈している。その私の意思を風車の羽は半永久に空に刻んでくれるのだ。

なぜ、「市民ファンド」は成功したのか？

以下、ほんの一部だが、「市民ファンド」のホームページに掲載された出資者の声である。

・自分が探し求めていたものがやっとありました。ぜひ参加させてください。
・地元でこのような事業が展開されること自体、驚きと将来への期待が感じられます。
・未来に向けた投資ができることを嬉しく思っています。
・日本の風車事業をどんどん切り開いてほしいと思います。こういうシステムを待望していました。
・風力発電は今後利用しなければならないグリーン電力ですが、個人レベルでの装置では限界があります。ファンドシステムを利用してぜひ風力発電に参加したいです。
・これは原子力発電への私なりのアンチテーゼでもあります。

これらの声に鈴木さんは**共通の意思**を感じた。

「風さえあれば発電するので、分配金を出せない可能性は低いと思います。ただ、投資する人は、反原発や地元でのエネルギー自給を真剣に考える人たちが圧倒的。もちろん、分配金への期待も大きな要因ですが、これは、応援ファンドだと私は思うんですよ」

自分のお金が自分の望む事業に役に立つ満足感。加えて、自分の生活設計に役に立つ可能性を秘めた分配金。この二つが「匿名組合」の魅力である。

あなたの夢を実現できるお金の使い方

「匿名組合」がおもしろいのは、市民風車などを実現するＮＰＯだけではなく、銀行に頼らずとも、零細企業でも自分たちの夢を実現できる可能性を示してくれているからだ。そのいくつかを紹介しよう。

あなたの夢を実現できるお金の使い方1　音楽

レコード会社「ミュージックセキュリティーズ㈱」（東京都港区）の小松真実社長は、２０００年、弱冠24歳での会社設立時から、一般市民から投資を募り、アーティストをＣＤデビューさせる「アーティスト育成ファンド」を実施している。

ホームページで歌を試聴してもらい、いいと思えば１口１万円の投資をしてもらうという仕組みだ。何枚売れればどれくらいの配当が出るかの損益分岐表も公表している。

小松さんは大学時代から、才能あるアーティストのＣＤ制作を夢見ていた。そして、卒業してすぐに合資会社を設立した。資金わずかに50万円。社員は当時自分だけだったが、不安はまったくなかった。

まず、学生時代からの知人で、ライブハウスで多くの固定ファンのいる袖山咲《そでやまさき》さんをデビューさせたいと思った。

メジャーなら年齢的にデビューできなかっただろう。しかし、「歳ではなく、いい歌はいい」という思いが小松さんにはあった。

メジャーなら、CD制作に億単位の金を使うことが多いが、小松さんが、スタジオ使用料、原盤作成など必要最低限の経費を計算してみたらわずか86万円でCD制作が可能であることが判明。だがその86万円も零細企業にとっては厳しい額。

小松さんは、86万円を、学生時代のバイト先の証券会社で知った「匿名組合」を利用して調達しようと決めた。

小松さんはホームページ上で1口1万円の出資をよびかけた。86口のファンドは完売。そして、シングル『虹色にして』は13233枚を売り上げ、投資者は13％強の配当を受け取ったのだ。

応援する気持ちが満たされる「満足感」

同社はその後も、継続的に「匿名組合」で新人を売り出しているが、いままで19組のCDを発売し、常に予想を上回る売り上げを記録し、配当を出している。

「アーティストにも会社側にも無理な負担なく、その才能を育成してあげられるのがこのシステムです。アーティストは直接支援を受けることで、いい意味での緊張感が生まれ、出資者もそのアーティストを応援する気持ちが芽生えますから」

最近ファンが増えている奥村愛子さんのシングル『いっさいがっさい』への、2003年10月のファンド募集では、1口1万円236口が9日間で完売した。配当は0・03％と少なかったが、これを機に奥山さんはその才能を認められ、ファンも増え、東芝EMIからのメジャーデビューも実現したのだ。

配当だけではない特典が魅力

ここで注意したいのは、同社のファンドは1口1万円のものが多いこと。それは、小口で出資する人が数多くいることを表している。だから、たとえ13％の配当がついたとしても、1口の出資なら税込みで1300円、10口でも1万3000円と、けっして投機目的で出資できる数字ではない。ましてや、0・03％の配当なら1口当たり3円にしかならない。だが、同社のファンドは毎回完売するのである。なぜか？

それは、配当だけではないリターンがあるからだ。

たとえば、出資口数にもよるが、同社のファンドに出資した人は、そのアーティストのライブに招待される。また、アーティストのＤＶＤのプレゼントもある。つまり、心から音楽を好きな人にとっては、**たまらない特典**を与えられるのだ。

インターネットでの視聴で「いい」と思った音楽でも、そのＣＤ発売実現にはお金がかかる。だが、それを誰が実現するのか。それは巨額の金を持ったレコード会社ではなく、ましてや「運」でもない。「いい」と思った私たちである。そして、出資という形でその実現に関わった私たちには、私たちが一番望む形でのリターンが待っているのだ。

小松さんはこう説明する。

「プロジェクトに参加して一緒に楽しみたいという方が多いと感じています。ファンドへの出資を機にライブに来ることで、投資家の方々とアーティストの関係性ができているような気がします」

同社のファンドは、ほぼ毎月といっていいくらいの頻度で売り出されている。

「これからもガンガンいきます。自分の作りたい音楽を一〇〇％作れるように、アーティストを応援していきたいんです」（小松さん）

あなたの夢を実現できるお金の使い方2　出版

出版界では英治出版㈱が「匿名組合」の仕組みを取り入れている。

原田英治社長は以前別の出版社にいたが、自分の方向性と合わずに退職。だがそのとき、手がけていた企画があったので、中途半端にはできないと、版権を買い取り、そのまま英治出版を立ち上げた。１９９９年のことである。

「僕にはポリシーがあります。それは、本を『絶版にしない』ことです。本は『金銭的価値』だけではなく、時代とともに真価を増す『社会的価値』もあるのに、それがあまりにも軽視されています」

出版したい人に自費出版ではない出版インフラを与えてあげたいと、応援の気持ちを込めてはじめたのが、「匿名組合」を利用した**「ブックファンド」**だ。

「ブックファンド」について

その第1弾は、中国人留学生、ボヤンシシグが日本語で書いた詩集『懐情の原形』。この本は、1口10万円44口を集めて2000年4月に発売されたが、新人の詩集としては異例の4400部を売り、出資者には16％の配当がついた。

「まさかここまで売れるとは予想外でした」

『懐情の原形』を第1弾として、「匿名組合」を利用して、現在までに30冊が刊行されたが、このうち19冊が期間満了し、11冊に配当がついた。

最高の配当がついたのが**『女子大生会計士の事件簿』**シリーズ（山田真哉著）である。どこの出版社でも断られたこの企画がいま、約13万部を売り上げ、その第一作目にはじつに332パーセントの配当がついた。ちなみに、山田真哉氏は大ベストセラーとなった『さおだけ屋はなぜ潰れないのか？』の著者。いわば、ブックファンドでの成功が山田氏に作家としてのはずみをつけたのだ。

「共感」にお金が集まる時代に

売り上げにかかわらず「もう一度、ブックファンドを使いたい」と満足する著者が多いのは特筆すべきだ。

金銭的損得だけではなく、自分の思うような作品を仕上げられたことや出版が本業に貢献したことなど、著者はトータルの満足度を評価しているのだ。

匿名組合とは原田さんにとっては何なのだろう。

「出版は応援ビジネスだと思います。そして、それを介在する匿名組合は共感の位置を測るツールです。いまは共感にお金が集まる『**共感資本主義**』の時代なんです」

その時代にブックファンドは、「小さな共感を、より遠くへ、より多くへ」波及させるための仕組みだと原田さんは説明する。

「ある人が夢や目標をもち出版を決意したとき、自分の身の回りにいる小さな共感者からブックファンドに出資が集まります。その小さな共感が出版という形で放たれるとき、読者へ共感が波及していきます。波及効果が遠ければ遠いほど、多ければ多いほど出資者である小さな共感者にリターンが戻るわけです。波及効果が少なければ、共感は小さな共感者の周囲でとまり、金銭的には元本割れというリスクを負います。しかし、本という形式で世の中に出版されたことに社会的価値を感じてくれる社会投資家は少なくないことでしょう。ブックファンドがそういう企画を世の中に送り出す仕組みとなれればと思います」

現在、同社のブックファンドは、著者とその周辺の人々が資金調達をするという、どちらかといえば私募に近いシステムをとっているが、近いうちに、ミュージックセキュリティーズのように、公募による出資を募るという。

「他人の夢を応援すれば自分たちの夢も前進する。出版は応援ビジネスだ」という原田社長の想いを実現するのが、匿名組合なのだ。

あなたの夢を実現できるお金の使い方3　公演

１９２８年に毎日新聞の建物として建てられた「１９２８ビル」（京都市）に、小劇場「アートコンプレックス１９２８」がある。２００３年10月25日、ここで小劇場としてはきわめて異例の20日間におよぶロングランがはじまった。

「多くの劇団は、劇団員のバイトや持ち出しで金をやりくりし、少ない時間のなかで練習をこなしています。質の高い舞台を作るには、事前に充分な資金を用意してあげて充分稽古にはげむことも必要だと思ったんです。その資金の一部を匿名組合で集めてみました」

こう語る同劇場プロデューサーの小原啓渡さんは数年前、アメリカのブロードウェイで話題の公演『ブルーマン』を見に行ったとき、それが「匿名組合」による資金で成り立っていることを知り驚いた。

小劇場が、国や財団からではなく、市民からの資金で支えられていること。質の高いものを作れば多くの観客が来ること。

「劇場は何をすべきか。一から考えることにしたんです」

帰国後の2003年夏、小原さんは、パフォーマンス集団「キュピキュピ」の公演『キャバロティカ』に対し、匿名組合を利用し、1口2万円100口のファンド募集をかけた。「キュピキュピ」側も、**金を出したら口も出す企業からの支援**よりも、市民からの直接投資を望んでいた。公演前にまとまった金が入ることで練習にも集中できるし、市民の心とつながるお金だけに、いい意味での緊張感が生まれるからだ。

じつは、私も匿名組合を体で体験すべく1口応募してみた。送られてきた契約書には、想定以下の集客である場合は配当が元本割れを起こすリスクがきちんと説明されていた。そして、10月25日からはじまった公演が11月13日に終了し、その2週間後に、12％の分配金が支払われることが通知された。つまり成功したのである。

「財テク」より大切な「夢を買う」お金

ただの実業家ならば、1口2万円を100口集めるよりも、1人の人間から200万円を調達するほうを選ぶかもしれない。そのほうが手続きも簡単だ。

だが、小原さんはそうしなかった。舞台の世界の裾野を広げたかったからだ。また出資者側にすれば、12パーセントの配当とはいえ、1口2万円を仮に10口申し込んでも分配金は20％の税引後2万円弱にしかならない。また、定期的にファンド募集がおこなわれるわけでもないので、とてもではないが、財テクとしては使えない。

だが、多くの人がこのファンドに応じてくれた。一つには、舞台招待という特典があるからだ。舞台好きにはたまらない。そこには、自分たちの好きな公演を応援したいという意思が感じられる。小原さんには夢がある。

「この仕組みを劇場という狭い世界だけで使いたくない。匿名組合は、いまの社会の零細企業、NPOなどでも応用できると思うんです。この仕組みを世に広く紹介して広めたい」

リスクと失敗もあって当然

こう書いてはきたものの、**「損益を分配する」**とあるように、「匿名組合」には失敗例は当然ある。たとえば、2003年末の中国雑技団の日本公演では、「匿名組合」で一口10万円で2億円を集めたが、集客が伸びず、48%もの損失を出した。

だが、窓口になった「DLJディレクトSFG証券」には、それに対するクレームがメールで1件入っただけだという。

「私たちは、事業開始前にホームページや書面で、そういうリスクがあることをすべて説明してきました。それを背負ってでも公演を応援したい人が契約してくれたと思います」（商品開発部・Iさん）

ここが肝要なところである。

出資には「必ず儲かる」という結果だけがあるのではない。株でも、外貨貯金でも、投資信託でも、ＮＰＯバンクへの出資でも、常に損をするというリスクはつきものだ。そして、この「リスクを受け入れることを容認」しての出資こそが、私たちがお金を手放すときに肝に銘じておく、金融における基本姿勢なのだ。

ただ、リスクが前提条件になることをいいことに、詐欺目的で出資をよびかける事業にだけは十分に気をつけたい。

「ニセ匿名組合」にだまされないために～詐欺にご用心

詐欺に気をつけてほしい。

本章で紹介した４つの事例は、過去に実績があり、ある程度の認知もされていて、かつ、私が直接担当者に会って「間違いない」と信頼できたところである。

さて、２００４年末に「証券取引法」が改正された。

それまでは、「匿名組合」には、そのファンド募集にあたり、目論見書の交付や官公庁への届出が必要なかったので、インターネット上ではたびたび怪しげな募集を目にすることもあった。

だが、法改正により、「匿名組合」への出資も有価証券と見なされることが決まり、目論見書の交付や官公庁への届出が義務化されたので、どんな「匿名組合」でも、今後はある程度の事業内容を知ることができる。

しかし相変わらず怖いのは、何の実績もなく、または、出資者との間に何の信頼関係がない組織でも、高配当でよびかければ、とくに、顔の見えないインターネット経由でなら数多くの人が関心を示し出資してしまうであろうことだ。

どんなに目論見書が立派でも、出資金を持ち逃げされる可能性もあるだろうし、実際は15％の配当があるのに2％とごまかされても、出資者がそれを証明する術はない。

インターネットで**「匿名組合」「詐欺」と入力して検索すると**、そういう事例は山のように出てくる。なかには、配当10％をうたい、4800人から140億円をだまし取った凄まじい例もある。

配当は誰でも欲しいが、まずは、その組織がいままで何をしてきて、いま、何を実現しようとしているのかをしっかりと見極めることが大切だ。

過去の実績なら、それこそインターネットでも調べられるかもしれない。事業計画書、目論見書などにはしっかり目を通して、自分が本当に応援できるのかを考えていただきたい。

見分けるポイントとしては、

・事業説明会が開催されても、その場で契約を迫る組織はダメ。
・電話やメールで遠慮なく突っ込んだ内容を問い合わせてみて、丁寧でかつ詳しい説明がなければその時点で関わるのはやめたほうがいい。
・法務省の登記事務所でその会社の登記簿を閲覧することも、必要ならしてみる。

「面倒くさい」と思うかもしれないが、詐欺から自分を守るには自分で防御しなければならない。少しでも怪しいと思ったら出資はやめたほうが無難である。

日本人に欠けている貯金や投資への意識

この章で紹介した組織は、積極的に、すべてのリスクと詳しい事業計画書や目論見書を公開している。そのリスクを理解した上で、出資者は自分の判断と責任において投資をする。

これこそがいままでの日本人に欠けていた貯金や投資への意識なのだ。

「ＤＬＪ証券」はその後信用を失うどころか、さまざまなコンテンツ関連の零細企業（映像、ゲーム、テレビ番組製作など）から、「銀行が金を貸してくれない。何とかそのノウハウを教えてほしい」との要請が相次いでいるという。

銀行の貸し渋りという言葉があるように、多くの中小・零細企業にとっていまの時代は、大手銀行と大手企業を相手にやっと「仕事をさせてもらっている」。

この**納得できないルールを何とか壊したい**と思う企業が、「匿名組合」を学ぼうとしたのだ。

いま、数多くの「匿名組合」があちこちの分野で使われている。

たとえば、アイドルのデビューまでの育成資金を募り、規定期間内でアイドルが稼いだら分配金を出す「アイドルファンド」。同じようにラーメン屋立ち上げに出資する「ラーメンファンド」。東南アジアの荒地に植林して、10数年後に大きくなった木を売却する事業への「植林ファンド」、ワイン製造に出資する「ワインファンド」。まだまだある。

これらのなかには、「胡散くさい」と思うものもある。だが、どれに出資するかは一人一人の判断に任せるしかない。その組織が「匿名組合」を使って、どんな社会や文化を実現しようとしているのかを見極めてほしいと思う。「匿名組合」には元本割れというリスクがつきまとうからなおさらだ。

元本割れの可能性は、NPOバンクにも共通していえる。

NPOバンクの出資者には共通した「覚悟」がある。お金が失われるかもしれないという**リスクと社会貢献の両方を考え**、自分の生活で許される範囲の出資をする。

・誰の迷惑になるかわからないが確実に利子のつく従来の貯金
・リスクの大きい株式投資
・誰の役に立つか明確だが、元本保証がない出資。

前者ふたつは、多くの損する人間と、一部の得する人間を生む。

本書に登場した人々は、リスクを理解し引き受け、そして**貯金でも株でもない、第三のお金の運用**に出資した。つまり、リスクがあったとしても、目の前で形づくられる社会貢献を選択したのだ。

損をしても得るものはあるのである！

5章のまとめ

・「匿名組合」とは、自分の応援したい事業に直接出資し、事業が成功すれば短期間で配当が得られる仕組みのこと。
・「匿名組合」は、事業をする側にとっても、短期間で資金調達ができ、株主とは違って事業自体に口出しされないので、事業をやりやすい。
・国や助成団体に頼れないいまの時代、足元にいる市民に頼るという方法が「匿名組合」だ。
・つまり、出資者と事業者の両者が得する仕組みである。
・ただし、たがいに信頼関係のないなかでの契約になるので、詐欺が多発している。詐欺にあわぬよう、その事業者が何を実現したいのかを見極めること。
・損をすることも当然あるので、そのリスクを理解すべし。

column

匿名組合の作り方

●コンサートを開催したい場合

1）まず、コンサートを実現するために、出資金を扱う「営業者」を設置する。自社でもいいし、会社を新設してもいい。

↓

2）事業計画書、目論見書などの作成

↓

3）金融庁に計画書などを提出

↓

4）匿名組合契約書など投資家への資料作成

↓

5）一般への公募

↓

6）出資希望者と契約書締結

↓

7）出資希望者が契約書どおりの出資金を払い込む。
これで、出資希望者は「匿名組合員」になる。あとは、匿名組合員はイベントが終わるのを待つだけ。事業には参画できない。

↓

8）営業者は、集めたお金で、イベントの準備、本番、後処理などの事業をおこなう。

↓

9）イベント終了後、清算。
利益があれば、組合員に、出資元本の返還と、出資口数に応じて分配金を均等に分配する。損失があれば、出資口数に応じた損失分を出資元本から差し引き返還する。

参考サイト：ttp://www.tokumeikumiai.com/about/index3.php
参考文献：『SPC＆匿名組合の法律・会計税務と評価』（さくら綜合事務所著、清文社）

❻ これが本当の「金融」だ!

本書では6つのNPOバンクと、そのお手本ともなった2つの先行例を紹介してきた。

6つのバンクに共通しているのは、なんと、焦げつきがほとんどないということだ!。

たとえば、未来バンクでは、400人以上の組合員から1億5000万円以上の出資金が集められ、融資総額は6億2000万円を超えたのだが、この12年間での200件以上の融資で焦げつきは1件だけ。

銀行の不良債権が深刻な社会問題となっているのと比べると、これはすごい。

しかし、これは特別なことではなく、本来あるべき金融の姿なのだ。

なぜNPOバンクは焦げつきゼロなのか?

焦げつきが起こらない理由は「信頼の年輪」だと未来バンクの田中さんは言う。

信頼の年輪のイメージ

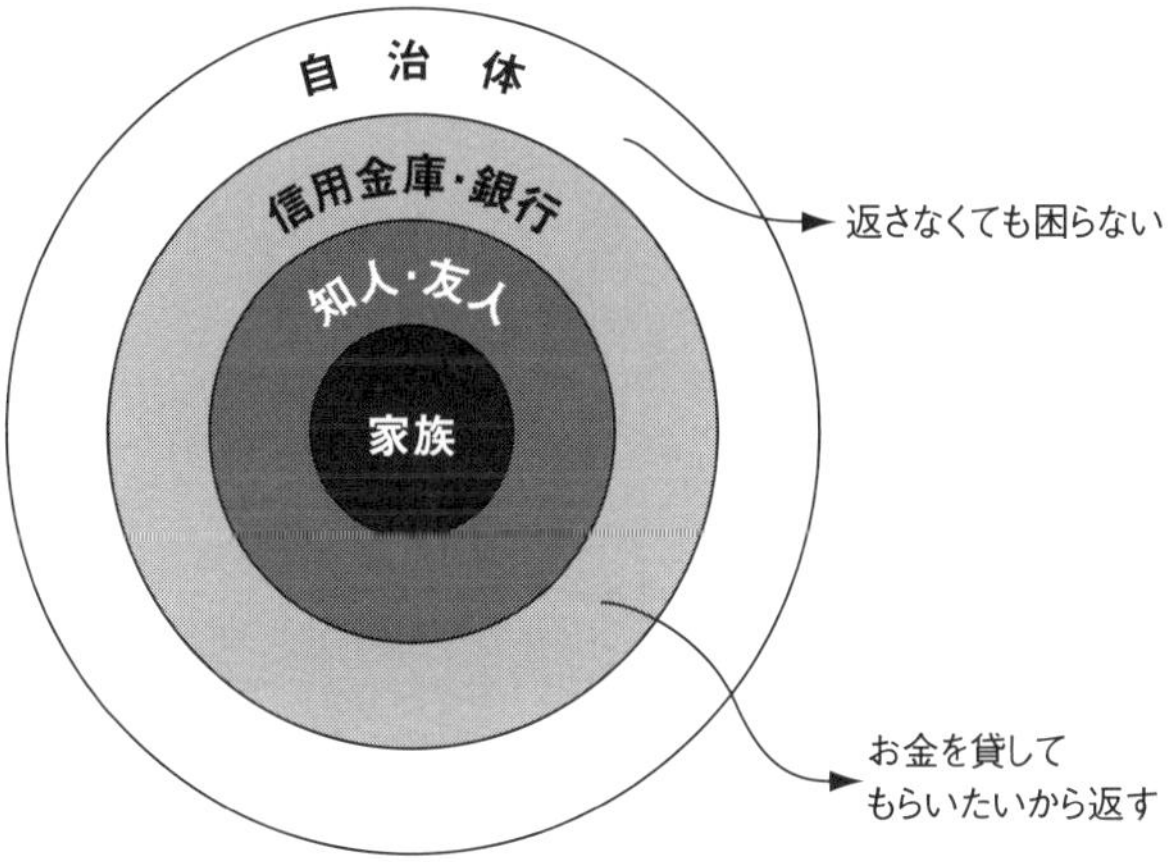

人は中心からお金を貸していく

「借金って、まず真っ先に返すのが友人ですよね。次にちょっとした知人、次に信用金庫、都市銀行、最後に自治体と、信頼する順に返してくれる。

僕らは、融資前の審査では、保証人や資金繰り表も必要とするけど、たとえば、山梨県のパン屋『アリコヴェール』では、無添加の健康パンを広めたいというその熱意と『絶対返済する』という決意とに、相手を信用して融資しました。僕たちは相手を『信用』して金を貸すし、相手も、未来バンクの活動趣旨に賛同した上で信頼を置いてくれるんです」

WCCの向田さんはこう説明してくれた。

「やはり、借りる方々が『これはみんなのお金』という意識をもって私たちとのぞんでいるからだと思うんです」

未来バンクの活動は、マスコミ報道と口コミの両方で広がり、いままでは、黙っていても、出資希望者が連絡をしてくる。その額、年に数千万円にも達するという。

じつは、未来バンクではいま、その活動を積極的には宣伝していない。

未来バンクは田中さんも含め6人の理事全員がボランティアとして活動しているのだが、いまの規模で、いまのペースでの融資活動で、融資先の活動の一つ一つを見渡せるちょうどいい活動量を保てるからだ。

「未来バンクはこれ以上大きくなる必要はないんです。むしろ、あちこちの地域で、第二、第三の未来バンクがたくさんできてほしい。お金に困っている事業者っていっぱいいますから。バンクを作るための手伝いだったらいくらでもします」

あなたにもできるNPOバンク

そしていま、日本のあちこちで、NPOバンクを設立しようとの機運が高まっている。青森県では、WCCを見本とした非営利バンクが準備中。新潟では、2005年7月、新潟コミュニティバンクが設立された（田中さんもアドバイスしている）。岩手県でも2006年3月に設立。そのなかで、私が注目しているのは、昨年、愛知県でNPOバンク「コミュニティ・ユース・バンクmomo」（以下「momo」）を立ち上げ、今春から融資をはじめようと奔走している20代の青年たちだ。

銀行マンの「NPO起業」

momoの代表理事・木村真樹さんは、大学卒業後の2001年4月から1年半、愛知県の地方銀行で、個人や中小企業への融資担当として働いていた。

資産運用のアドバイスもおこない、事業が軌道に乗ったところから「ありがとう」をいわれると「やりがいのある仕事」だと思った。金融が社会を支える一面を実感した。

だが、一人の若者として、マニュアルに依存していれば安穏と生きていけるような企業体質は肌には合わなかった。

「自分の責任でリスクを引き受けられるような働き方をしたいと思ったんです」

２００２年９月に退職。ＮＰＯスタッフになるための半年間の研修を受けるのだが、そのなかで印象的だったのが、約１カ月間、インドの村で体験したフィールドワークだ。水不足に苦しむ村。近くの山には木がないので植林をしたり、水を節約できる料理を普及したりと活動する。

この活動は転機だった。一番疑問を感じたのは、村のすぐ近くには外国資本のコーラの大きな宣伝看板があるのに、生活用水に不自由していた村に政府も企業も何もしないことだった。「これは経済システムの『暴力の構造』だ」。そう感じた木村さんは、現場で活動することよりも、構造を変えていく仕事につこうと決めた。

そして、２００３年春から、国際的な青年ＮＰＯである「A SEED JAPAN」（ア・シード・ジャパン）の事務局長に就任。そこで手がけたのが２００４年１月に開催した「第一回エコ貯金フォーラム」だった。環境や社会に負荷をかけない貯金や投資がテーマだった。

木村さんは、このフォーラムの開催にあたりはじめてNPOバンクの存在を知る。フォーラムでパネラーとなったのは「未来バンク」の田中優理事長、「北海道NPOバンク」の杉岡直人理事長、「WCC」の向田映子代表、「東京CPB」の坪井眞理理事長、「NPO夢バンク」の田中秀一郎理事などNPOバンクの「頭取」ばかりで、頭取たちの言葉からは、**新しいお金の流れが世の中を変える**かもしれない可能性を感じざるをえなかった。

とくに、田中さんの「口では戦争反対と唱えても、お金を銀行に預けていれば加害者になってしまう」との言葉には、元銀行マンであっただけに衝撃を受けた。

「そして、この問題をずっとやっていこうって決めたんです。預金者も自分の貯金に関心をもち、既存の金融機関も環境や社会に関わるように変わっていけばいいなと」

金融マンたちのノウハウが活きるとき

2004年6月、木村さんは、ア・シードのなかで「コミュニティ・ビッグバン・プロジェクト」を立ち上げた。目標はずばり、NPOバンクを立ち上げることだ。その一つ目は木村さんの故郷である愛知県。

そして、前述のように木村さんをはじめ青年たちは２００５年10月に「ｍｏｍｏ」を設立した。

「融資件数の多さとか、どのくらい融資額を伸ばせるかは問題じゃないんです。僕はまず『仕組み』を作りたい。たとえば、融資先は東海３県のＮＰＯなどを対象にする予定ですが、その融資には東海３県の金融マンたちを巻き込んで、採算性だけではなく、**事業の社会性も審査の対象にする**など、ＮＰＯへの審査を学んでほしいと望んでいるんです」

すでに東海労働金庫は乗り気だ。「ｍｏｍｏ」への出資金振込時の手数料無料や、「ｍｏｍｏ」の融資審査委員会に３人の職員派遣を決定したのだ。

木村さん自身、郵貯や銀行貯金におけるお金の流れに疑問は呈しつつ、銀行そのものを非難するつもりはない。あくまでも変わっていくことを望んでいる。そして、いろいろな金融マンが関わることで、自分たちも彼らから金融ノウハウを学びたいと思っている。

すでに、東京と名古屋で、このプロジェクトを推進しようと、学生も含めて数十人の若いボランティア希望者が名乗り出た。私が木村さんたちに期待するのはここである。

コミュニティ・ビッグバン・プロジェクトのリーフレットにはこう書かれている——。

「将来にわたって各地域に立ちはだかる課題を解決し、各地域の実情に合ったNPOバンクを設立するには、これからの地域社会を担う青年の主体的な力が不可欠だと考えます」

この言葉どおり、たとえば、運営を担う理事も「任期2年。30代以上は半数以下」とつねに**「若い血」が循環する組織**になっている。

こうした若い力によるNPOバンクが、これからますます増えてくるだろう。

NPOバンクの作り方

さて、「自分たちもやってみよう」と思っても、いったいどうやってNPOバンクを設立すればいいのだろう？
木村さんが立ち上げた**コミュニティ・ユース・バンク**momoの例を参考にして、設立までの過程を説明しよう。

①まずは「一緒にやろう」という仲間を集める。

②目指す事業体制を決める（以下、括弧の中はｍｏｍｏの例）。

・誰に融資するのか？（ｍｏｍｏならＮＰＯ、ＮＧＯなどの社会的事業をおこなう個人や団体が対象）

・どういった使途への融資か？（起業資金、設備資金、運転資金）

・融資上限額は？（２００万円）

・融資期間は？（１年間）

・貸出金利（１～５％）

・連帯保証人や担保の有無は？（すべてのＮＰＯバンクで、担保は不要）

・出資金の一口額は？（個人一口１万円以上）

・出資金の配当は？（なし）

③組織を作る

・人にお金を貸すには、都道府県への「貸金業登録」が必要だが、その場合は、融資できるだけの元手があることが必要。

・貸金業登録するまでの間、「任意団体」や「有限責任中間法人」として活動し、寄付金や、融資に必要な出資金を受け入れることはできる。

・そのために、ＮＰＯやワーコレなどへの広報、マスコミなどを通じての活動趣旨の説明をおこなう。

・日常的な活動を担う「理事」、会計や業務執行を監査する「監事」、審査のアドバイスをおこなう「顧問」、融資審査をおこなう「融資審査委員会」、貸金業取扱主任者を置く「事務局」などのスタッフ体制を決める。（理事６人、監事２人、顧問５人など）

④貸金業規正法に基づく貸金業登録が終了。融資開始！

と、簡単に書いてきたが、じつは、事業体制一つを決めるのでも、机上の論議だけでなく、融資をはじめようと思う地域において、どういう人たちがお金を必要としているのかを調査する作業も必要だ。実際、木村さんたちは、すべてのＮＰＯバンクを訪問しそのノウハウを学び、融資を受けた団体からも融資をめぐる実情を聞いて回った。

その実地調査で得たエッセンスを糧に、２００５年11月現在、ｍｏｍｏは着々と準備を進めている。金融の流れを変えようという若者たちの真剣さに周囲の関心も高まっている。

まだある！　こんな出資のしかた

本書ではおもに、ＮＰＯバンクと匿名組合について書いてきた。私たちの預けたお金が、確実に社会貢献を果たしたり、自分がその恩恵にあずかったりと、目に見える形でその使途がわかるという事例で、これほど明確な存在はないからだ。

もちろん、この二つだけではない。お金の使われ方が明確であるなら、しかも健全であるならば、それが銀行貯金であっても、株であってもいいのだ。

以下のような出資の数々を読者はどう思うだろうか？

①山間地の何でもする店「常吉村営百貨店《つねよし》」

「この店は、行政支援はゼロ。補助金もゼロ。村人の力だけで運営してます」

こう語る無給の社長、大木満和さんは１００％の力を出せる活動に満足気だ。

コンビニ程度の大きさの「常吉村営百貨店」は、１口５万円で、地域住民33人から３５０万円を集めて作られた「何でもする店」である。

モノも売れば、地元の独居老人約20軒の一軒一軒に毎朝「元気か？」とモーニングコールを入れる。電話に出なければ「心配や、行こ！」とスタッフで出かける。宅配も無料だ。店の片隅には、セルフサービスでコーヒーやお茶が飲めるスペースがさりげなく用意されている。

京都府京丹後市大宮町の上常吉と下常吉の2集落は合わせて人口６００人弱。１９９６年末、山間地で唯一の買い物場所でもあるＪＡ京都丹後常吉支店の廃止が明らかにされたとき、多くの住民の「廃止反対！」の声とは別に大木さんはこう思っていた――

「ＪＡが出ていってくれるとは村おこし最大のチャンスや。この機を逃す手はない！」

大木さんは、ただモノを売るだけだったＪＡ店舗に代わり、ＪＡ敷地を利用しての村おこしをやろうと思いついたのだ。そして、村づくり委員会の仲間と**百貨店構想**が動き出す。その根本姿勢は「何でもする」店にすることだ。

だが新しい店を作るには金が必要だ。３５０万円足りなかった。そして、ここで委員会が頼ったのは国や自治体からの支援ではなく「自分たち」だったのである。すなわち、１口５万円での出資を住民によびかけたのだ。はたせるかな、住民の33人から３５０万円が集まり、１９９７年12月６日、大木さんを社長とし、店は創業を迎えたのである。

狭い店だが、コンビニ機能に加え、クリーニング受付、郵便ポスト設置、地元農作物、地元名産品と何でも置いてある。そして最大の特色は、住民からのニーズに対しけっして「ない」「できない」はいわないことだ。

肝心の経営面だが、２０００年度、店は、ＪＡ時代の３倍超の４８００万円を売り上げた。以後、微減が続き「売上アップ」が課題とのことだが、確かに、有給職員が３名いても、社長の大木さんはいまだに無給である（本業はジーンズ店経営）。社長ならば年に数万円でももらうべきとの声もあるが、本人には報酬より村人からの声がうれしいようだ。

大木さんは強調する。

「村おこしでは、お上に頼る前に自分たちに頼るべきです。住民にはその力があります。私らは今後も住民のニーズにすべて応えていきます」

②国に頼らず自立する村のために「㈱きとうむらの株」

徳島県旧・木頭村《きとうそん》（現・那賀町）は全国で初めて「ダム阻止条例」を制定し、国のダム計画を白紙に戻した経験をもつ知る人ぞ知る環境の村である。しかし、その見返りとして、国からの公共事業は減り、村は一時苦境に立たされた。ダムに頼らない村づくりを目指す木頭村は、ならばと１９９６年４月、地元名産の柚子や大豆などを加工してさまざまな商品を作り全国に販売する「㈱きとうむら」を立ち上げた。この資金源として一口５万円の協力金（原則５年後の返済）を全国から募ったのだ。

このころ、東京で講演をした藤田恵村長（当時）が、講演のあとで、「お願いします。ダムに頼らない村づくりの先行例を示すためにも、ぜひ、協力してください！」と、何度も頭を下げていたのを私はまだ覚えている。

この心意気に日本全国から多くの人が応じた。

日本各地で不要な巨大ダムが建設される一因は、地元自治体が地元に落とされる巨額のダムマネーでしか地域振興はないと追い詰められ、単にダムマネーの誘惑に勝てないからだ。

だが、「きとうむら」の主張は新鮮だった。ダム反対運動を展開するだけではなく、一人一人の市民の出資で、地場産業を興し支えることで、ダム建設に抗するだけの力をつけるともくろんだからだ。

協力金に応じたのは508人。そして2001年には、より市民に支えられる会社にすべく、村所有の「きとうむら」の株のほとんどを村民、そして全国の支援者に譲渡した（現在の株主は341名）。

「きとうむら」はいまも活動を展開中だ。

その会社が何をしようとしているのかが明確であるなら、株を買うことも社会的責任投資になるのだ。

③国にも企業にも頼らない村おこし、「㈱山国さきがけセンターの住民出資」

京都府の「㈱山国さきがけセンター」はもともと、JAの跡地利用から構想が持ち上がった。自治体が絡む第三セクターではなく、有限会社として発足。納豆発祥の地にちなみ、郷土食の「納豆もち」や「納豆もちあられ」などを販売する。

村から甘い汁を吸う国と企業

村には苦い教訓がある。昭和30年代と40年代には、地元の林業に加え、西陣織の企業が入ってきたことで村が潤っていたのだが、それは、都市よりも**人件費と土地代の安い山間地を求めて**やって来たにすぎなかった。それら企業は、その後、より経費のかからない中国に工場を建設すると村から去っていったのだ。たちまち村はさびれていった。だからこそ住民のなかには、企業誘致や第三セクターではなく、村おこしは自分たちでやるべきだとの意見が少なくなかった。

有限会社設立を決めた後、役員たちは、1口5万円の出資金を求めて、10の集落に何度も説明会に出かけ理解を求めた。はたせるかな、初期投資に必要な710万円が集まったのだ。

なぜ、国や助成団体の支持に頼らず、住民出資に頼ったのか。この答はじつに明確――「地域の人にこそ見返りを受けてもらいたい」からである。

そして、自分たちがお金を出すことで、この会社は自分たちのもの、自分たちが運営するという意識をもってもらいたいからだ。

センターの商品は確実に売れている。

④県内からの出資でまかなえた「鹿児島海洋深層水協議会」

意外だが、九州での海洋深層水の取水適地は鹿児島県だけ。「鹿児島海洋深層水起業倶楽部」は、甑《こしき》島の豊かな海から海洋深層水を作り、商品化することで村おこしができないかを考えた。はじめから行政からの補助金は当てにしなかったという。

そして集めたのが、37団体と56個人から計2億1400万円。ほとんどが県内からの出資だった。これにより2003年に「こしき海洋深層水株式会社」が設立され、倶楽部は発展的解消をして協議会に生まれ変わる。

担当者は、行政に頼らずに地元住民だけでお金を集めたことをこう評価する。「自己判断と自己責任がはっきりしています。やるべきことが何かが明確に見えます」

と、4つほど紹介してきたが、いずれも共通しているのは、資金の調達を国や助成団体に頼らず、足元にいる住民に頼る方法を選んでいることである。それに応えるかのように、住民も積極的に出資をする。なぜなら、出資したお金が何に使われるかが明らかだからであり、それが自分たちの目の前で、自分たちのために実現するからだ。

だから、お金の使途さえ明らかであるなら、出資や投資の方法はなんでもいいと思う。株、社債、労働金庫、信用金庫、信用組合、投資信託、ＮＰＯバンク、匿名組合……。

たとえば、本書でも、「ほっとコミュニティえどがわ」のために、ＮＰＯをはじめて相手にした「小松川信用金庫」の温かな融資を紹介した。既存の金融機関もなかなか捨てたものではない。

一つだけいえるのは、私たちのすぐ近くに、健全な社会を作るためにお金を必要としている人たちが必ずいるということだ。

それは老舗の工場かもしれないし、新進のベンチャー企業かもしれないし、福祉活動かもしれない。

この人々にどうやってお金を手渡そうか?

そのヒントをNPOバンクと匿名組合は教えてくれている。

いままでは、自分のための貯金や出資だったが、その運用しだいでは、貯金や出資は、じつは世のため人のためになり、それがめぐりめぐって、自分のためになる。

それが、NPOバンクと匿名組合を取材し、私が感じたことである。

たった一人でがんばっていては、理想があってもその社会は実現できないが、多くの人がその理想に集う「場」ができることで、小さくても可能性の芽は息吹く。

岩手県信用生協の横沢さんの言葉をいま一度紹介したい。

「金融は人を幸せにするためにある」

それを可能にするのはすべて私たちの意識のもち方である。

6章のまとめ

・NPOバンクに「焦げつき」（貸し倒れ）は少ない。
・借りる方もNPOバンクの趣旨に賛同し、信頼するから、「絶対返済する！」という決意が固い。
・NPOバンクや匿名組合のほかにも、自分たちの預けたお金で社会貢献しようという試みが各地で広がっている。

といった問いかけについては、参加者が自分で調べなければならない項目である。さらに、立地、ATM取引時間、手数料など「利便性」の確認も判断の材料にと促している。「利便性」においては、配当がなく、年に一度しかお金を下ろせないNPOバンクは圧倒的に点数が低い。

だが、多くの参加者の心を最もつかんだのは、3大メガバンクの融資先トップ10のいずれもが、環境的な事業、平和事業には使われていないことであった。

これらの材料から、多くの人がエコ貯金宣言をした。そして、ホームページにはエコ貯金宣言した人たちの声も掲載されている。

・住んでいる地域をよくしたい。けど一人ではできない。じゃあ一人一人がお金を出し合って、その地域のためになる事業をしよう。というのが銀行の原点のはず。そこで僕は、「自分の住んでいる地域にお金が回る」地方の「信用金庫」に口座を移します。
・株式会社の一社員として働いています。株主への利益還元は株式会社にとって、最低限必要なことです。そんななかで、株主が、金銭以外の利益を要求してくれれば、株式会社も変わると思います。
・川崎信金（に預けます）。地元への支援が活発であり、融資先などのディスクローズも店頭で大きくおこなわれています。
・がんばって稼いだお金が、戦争や環境破壊に使われるのはまっぴらです。住み良い社会のために、お金の使い方に賢くなります！
・「世界を破壊するお金」と「世界を良くするお金」。この二つなら、自分のお金を「世界を良くするお金」にしたい。

エコ貯金アクションは、ホームページだけではなく、アースデイ会場やap bank fes '05の会場でもブースが設けられたのだが、これだけ多くの意思が、今年からNPOバンクを始動させる木村さんたちを精神的に支えている。

column
3億円のエコ貯金アクション

木村さんの所属する「ア・シード」では、2005年3月から「3億円のエコ貯金アクション」というキャンペーン運動を実施した。

これは、一人一人の市民が「便利さ」や「利息」だけではなく、「環境・社会的な取り組みをしている」と思う金融機関に、自分の**お金を預け替えるという「エコ貯金」宣言を**3億円分集めるというアクションだ。

たとえば、「今まで、○○銀行に預けていたが、○○銀行は環境破壊型の事業に融資をおこなっているので、これからはＸＸ信用金庫に預けます」と書類で宣言してもらうのだ。

一人一人がバラバラに口座を変えても、社会の金融システムを変えることはできないが、キャンペーンという一定期間に集中すれば、金融でよりよい世の中をつくりたいという声を大きく伝えることができる。このキャンペーンでは、2005年9月時点で、じつに3億117万306円の宣言を集め目標を突破した。

その詳細はア・シードのホームページに掲載されているが（http://www.aseed.org/ecocho/campaign/accounts.html）、ぜひご覧になって欲しい。

預け替える前の金融機関で圧倒的に多いのが、やはり郵政公社と大手都市銀行。宣言後の預け替えた金融機関としては、労働金庫、ついで地域の信用金庫などが目立っていた。なかには、未来バンクやWCCなどのNPOバンクを宣言する人もいる。

このキャンペーンで感心したのは、アクションに参加する人々に、誘導的な問いかけをするのではなく、自分の頭で考え宣言してもらうよう、偏らない情報や問いかけを提示していることだ。

たとえば、いまお金を預けている銀行が

・エコロジーな融資をしているか
・NPOに融資をしているか
・地域の活性化に貢献しているか
・環境対応をしているか

あとがき

50万円は私にとっては大金だ。だがある日、私は、その大金を迷いもなく「使おう」と決めた。お金が活きると思ったのだ。

職業柄、私の自宅の郵便ポストには、市民団体の機関誌が数多く届く。貴重な情報提供は本当にありがたい。だが心苦しいのは、そこに同封された寄付や入会金をお願いする振込用紙を使うことがないことだ。

3000円程度の少額でも、そのすべてに応じれば私は破産する。ところがである。一昨年秋、一口50万円を呼びかけたある団体の資料に私は釘付けになった。こういう内容だった。

「北海道に風力発電用風車を作る。建設費の多くは一般市民から募り、風車の稼動後、売電で利益が出れば15年間にわたり年2・4%の分配金（目標）の配当をおこなう」

「これには出せる！」と思った。

その投資で、「確実に」目に見える社会貢献ができるからだ。また、2・4%という高配当も魅力だった。

だが一番の魅力は、投資者の名が、風車の記念碑に刻まれる特典だ。2004年10月、私は長男を授かったが、この風車こそ長男に永遠に残せる生誕祝いだと思った。記念碑には、共同出資者である私たち夫婦、双方の母、そして長男の名が刻まれる。いつかそこを訪れたとき、青い空の下で風車の羽が回りクリーンな電気を生み出すのを仰ぎ見る。そう想像したら楽しくなったのだ。

そう、私は、世のためにもなり、私自身も幸せになれるお金の使い道に出会った。

さて、そして、その対極にあるお金の使い道――私たちの郵便貯金は特殊法人に流れ、高速道路や巨大ダムなど環境破壊的な事業に融資されること――は本書を読んでわかっていただけたと思う。銀行貯金にしても、そのお金が零細企業や公益のために活動する

ＮＰＯに融資されることはほぼ皆無。
私たちはいったい何のために貯金をしているのだろう？

だがここ10年で、自分たちで貯金や融資先を決めていこうとの潮流が広がってきた。さきがけは、「環境」「福祉」「ＮＰＯ」に限って融資をおこなう「未来バンク」である。私がいま望むのは、未来バンクのような「ＮＰＯバンク」が近い将来、私たちのまわりに当たり前に存在するほどに各地にできてほしいことだ。なぜなら、お金の行く末を見届けるという当たり前の意識が私たち日本人に根づく一助になると思うからだ。

せっせと寄付をする人は数多くいる。だが、多くの人が、貯金と同様、自分のお金がどう使われたかを見届けない。寄付という善意の行為をした時点で、私たちの心は満たされ、あとの使途はその組織にただ委ねてしまう。その典型が街角の募金活動への寄付かもしれない。何にお金が使われるかよくわからないのに「恵まれない人のために！」の大声に私たちはお金を募金箱に入れ、いいことをしたと思ってしまうのだ。そこですべての行為は終了する。

見返りを求めない無償の行為はある意味尊い。

だが、ことお金に関しては、自分の手元から手放し、ある組織に預けた瞬間から、それが金融機関にであれＮＰＯにであれ、見返りは求めるべきだ。

見返りとは何か。それは、なによりも、自分の出したお金が何にどう使われたのかを知ることができることだと思う。

そこではじめて、私たちはお金がどう役に立ったか判断ができ、役に立っていれば心から喜べるし、そうでなければその組織との関わりを絶つこともできる。たとえば、途上国の支援に寄与する有名な国際的団体への寄付でも、その半分以上がじつは人件費に当てられると知ったら、それ以上の寄付をしようという気にはならないのではないだろうか。

もっといえば、見返りを求めないと、私たちのお金はいつのまにか戦争や環境破壊のための道具と化してしまう。

つまり、見返りを求めることは、自分の貯金、出資、投資に関して責任をもてることであり、善意を確実に活かす唯一の行為なのだ。

いまこそ、自分たちが汗水たらして稼ぎ、世のため人のために使おうとするお金を自分たちの目の届く範囲に取り戻そう。私たち一人一人が幸せになるために。

貯金や投資をするのは、郵貯や銀行などの大手金融機関だけがすべてではない。融資もそこにだけ頼る必要はない。

私たちのすぐ足元には、NPOバンクもいるし、市民型匿名組合もいる。地域限定での出資による住民起業もある。その選択肢は今後ますます増えていくだろう。そのどれを選ぶかは、すべて、どんな社会を実現したいかを思い描く私たち一人一人の意思しだいだが、いずれの方法でも共通点は、確実な見返りがあることである。

なお、自他ともに認める遅筆の私に辛抱強く付きあい、読みやすい原稿に仕上げてくれた築地書館編集部の稲葉将樹氏には心から感謝いたします。稲葉氏の助言なしには本書は完成しませんでした。

また、財投問題をわかりやすく教えてくれた未来バンクの田中優氏をはじめ、貴重な情報を惜しげもなく提供してくれたNPOバンク、匿名組合を利用する組織、融資を受けた組織、そして取材に応じてくれた皆様にこの場を借りてお礼申し上げます。

顔の見える金融が日本各地にできることを願っています。

樫田秀樹

おもな参考文献

＊戦時日本の特別会計（柴田善雄、日本経済評論社）
＊日本統計年鑑平成17年（総務省統計局）
＊財政投融資リポート2004（郵政省)
＊現代アメリカデータ総覧2002（アメリカ合衆国商務省センサス局)
＊日本長期統計年鑑（日本統計協会）
＊数学で見る日本の100年・改定第４版（財団法人矢野恒太記念会、国勢社)
＊郵便貯金資金運用の概説・平成16年版（財団法人郵貯資金研究協会)
＊郵貯崩壊（仁科剛平、祥伝社)
＊そしてわが祖国日本（本多勝一、朝日新聞社)
＊特殊法人は日本を潰す気か（千葉仁志、小学館)
＊どうして郵貯がいけないの（グループKIKI、北斗出版)
＊戦争をやめさせ環境破壊をくいとめる新しい社会のつくり方（田中優、合同出版）
＊郵貯があぶない！(21世紀経済問題研究会、三一新書）
＊ＯＤＡ援助の現実（鷲見一夫、岩波新書)
＊金融ビジネスAutumn2005号.Ｐ150-155
＊世界週報2005.3.15号.P40-41
＊週刊東洋経済2005.2.5号.P76-78
＊財界展望2004.7号.P52-53
＊財界展望2004.8号.P94-98
＊財界展望2005.5号.P106-111
＊国際商業MARCH2004号.P118
＊エンデの遺言（河邑厚徳＋グループ現代、ＮＨＫ出版)
＊エンデの警鐘（坂本龍一＋河邑厚徳編著、ＮＨＫ出版)
＊だれでもわかる地域通貨入門（森野栄一監修、あべよしひろ＋泉留維共著、北斗出版）
＊貨幣の生態学（リチャード＝ダウスウェイト、北斗出版）

ホームページ

＊特殊法人監視機構　http://www.nomuralaw.com/tokushu/
＊ア・シード・ジャパン　http://www.aseed.org/bigbang/
＊PHP総合研究所　http://research.php.co.jp/seisaku/report/98-3-2.html
＊アメリカの戦争拡大と日本の有事法制に反対する署名運動
http://www.jca.apc.org/stopUSwar/Bushwar/budget2006.htm
＊長良川DAY2002報告　http://www.ktroad.ne.jp/~kjc/020710oomori.html
＊社団法人全国信用保証協会連合会　http://www.zenshinhoren.or.jp/gaiyo2.htm
＊第162回国会予算委員会第18号
http://www.shugiin.go.jp/itdb_kaigiroku.nsf/html/kaigiroku/001816220050224018.htm
＊MAJOR FOREIGN HOLDERS OF TREASURY SECURITIES
http://www.ustreas.gov/tic/mfh.txt

匿名組合についての初出

＊週刊金曜日2004.2.20号　ここまでできる、市民応援の「匿名組合」

住民出資の村おこしについての初出

＊月刊生活と自治2004.2号　ＪＡ撤退を逆手に住民による住民のための店づくり

＊月刊生活と自治2006.2号　住民出資で村おこし

インドODAについての初出

＊週刊プレイボーイ1995.2.21号　巨大煙突の大迷惑

本書の感想をぜひメールにてお送りください。

yhv01733@nifty.com

樫田秀樹（かしだひでき）略歴

ホームページ　http://homepage2.nifty.com/kasida/

1959年、北海道生まれ。

18歳の浪人時代に、海外を渡り歩く夢にとりつかれ、20代前半はバイクで真夏のサハラ砂漠と真夏のオーストラリアの砂漠を走破。

帰国後、就職したが、企業社会に適応できずに１年半で退職。

1985年より２年間、NGOの一員としてソマリアの難民キャンプで活動する。

1987年、オーストラリアで植林活動とナラボー平原を徒歩で横断。

1989年より、ボルネオ島の熱帯林を中心に、東南アジアの先住民を訪ねる取材を開始。

１度限りではじめたつもりの取材は、いつしか取材でなく、森の人びとと一緒に暮らすことが目的になり、足かけ５年におよぶ滞在となった。

1997年　第１回週刊金曜日ルポルタージュ大賞報告文学賞受賞。


施設や年金がなくとも、どんなお年寄りも障害を持った人も安心して生きていける森の生活。安らぎに満ち、人間が人間としての生命をきらめかせる場所を、いつの日か、日本の中にも作り上げていくことが新たな夢。

本書はこれまで書いてきた以下の記事をベースに、取材と加筆をしたものです。

ＮＰＯバンクについての初出

＊週刊プレイボーイ1998.1.20号　「未来バンク」構想に賭けるオレたちの貯金道
＊週刊金曜日1998.11.13号　市民がつくる「市民のための銀行」
＊週刊金曜日2003.3.7号　多重債務者はこう救済する
＊月刊現代2003.7号　あなたは「未来バンク」を知ってますか？
＊週刊ＳＰＡ！2005.1.11号　お金の「新しい遣い方」

地域通貨についての初出

＊月刊生活と自治1999.11号　芽生える「地域マネー」の流通
＊週刊プレイボーイ2000.5.23号　人も社会も元気になる「地域マネー」ってなんだ？
＊月刊生活と自治2000.11号　地域通貨は地域興しの道具
＊同2003.6号　地域通貨・その可能性と課題を探る
＊週刊金曜日2000.11.24号　地域通貨が人や町に元気を与えてくれる
＊同2001.2.23号　「yufu」で地域がつながった！
＊月刊現代2001.1号　エンデの遺言「地域通貨」は不況を救うか？
＊月刊地上2001.3号　みんな友だちになれる
＊同2003.12号　地域通貨で農が楽しくなる

「新しい貯金」で幸せになる方法

あなたの生活を豊かにする「ＮＰＯバンク」「匿名組合」のススメ

2006年5月15日　初版発行

著者　樫田秀樹
発行者　土井二郎
発行所　築地書館株式会社
〒104-0045　東京都中央区築地7-4-4-201
☎03-3542-3731　FAX03-3541-5799
http://www.tsukiji-shokan.co.jp/
振替00110-5-19057
組版　ジャヌア３
印刷
製本　日経印刷株式会社
装丁　前園直樹（MAESTRO No.6）

　ISBN 4-8067-1331-7 C0076